手ぬいで作る！
おとな可愛い
おしゃれ服

永遠の憧れオードリー・ヘップバーンの
世界へようこそ♡

高橋恵美子　著

日東書院

{ Introduction }

手ぬいは、針と糸さえあれば、ひざの上のわずかなスペースで
少しずつ、ゆっくり作っていくことができます。
チクチクぬっていると、やすらかな時間が流れていきます。

1950年から1960年代の映画の中でオードリー・ヘップバーンや
グレース・ケリーが着ていた服が大好きです。
そのイメージをふくらませて、
シンプルでやさしい表情の大人の定番服を作りました。
いつの時代にも通じる、女性をきれいに見せてくれる素敵な服です。

はじめての人に手ぬいで、
簡単に洋服ができるように工夫しました。

パターンは体にフィットするシルエットのきれいな立体裁断。
布を手ぬいでぬい合わせていくと、
ふんわりとやわらかく体を包み込んでくれます。

ノスタルジックなプリント柄と色合わせした織りの布。
あなたならではの布合わせ、色合わせを楽しみながら
着るのもぬうのもやさしい服を作ってください。

高橋恵美子

{ contents }

INTRODUCTION — p.2

基本的な道具 — p.28
布の準備 — p.29
手ぬいの基本用語 — p.29
基本のぬい方 — p.30
バイアステープの作り方 — p.31

※{ }内はHow to makeの掲載ページです。

A
半円形のサーキュラースカート

p.6 { p.32 }

B
スカーフ風ベスト

p.7 { p.34 }

C
ノースリーブブラウス

p.8 { p.36 }

D
ノースリーブワンピース

p.10 { p.36 }

E
レースモチーフのネックレス

p.10 { p.39 }

F
ロングコート

p.11 { p.39 }

G
ロングコート

p.12 { p.39 }

H
替え衿

p.12 { p.42 }

I
ショートコート

p.13 { p.39 }

{ A }
半円形のサーキュラースカート

シンプルで大人っぽい50s風スカート。
山道テープのW使いがレトロな可愛らしさ。
半円形のパターンでふわりと広がるフレアーになります。
『ローマの休日』のように装ってみて

How to make p.32

実物大型紙 A
布地：[清原(株)] コットンシャンブレー

{B}

スカーフ風ベスト

なでしこプリントがやさしい、透け感のあるコットンボイル。
ふわりと前で結んで着るベストに。
結ばずにスカーフのように風に揺れるのも素敵。

How to make p.34

実物大型紙 A
布地：[清原(株)] コットンボイル

{C}

ノースリーブブラウス（花柄）

春の陽光にやさしい水彩画タッチの花柄プリント。
衿ぐりと袖ぐりはバイアステープ使いで、作り方もとってもシンプル。

How to make p.36

実物大型紙 Ⓐ
布地：[清原（株）] 花柄スラブクロス

{ c }
ノースリーブブラウス（レース地）

花柄のブラウスと作り方は同じ。
レース地を使って大人っぽい印象に。
スカートにもパンツにも合わせやすい。

How to make p.36

実物大型紙 Ⓐ
布地：[ソールパーノ] ローンフラワーレース

{D} ノースリーブワンピース

永遠の定番、ギンガムチェックで作る
シンプルなストレートラインのワンピース。

How to make p.36

実物大型紙 A
布地：[清原(株)] ギンガムチェック

{E} レースモチーフのネックレス

レースモチーフをつないで
ビーズと合わせたネックレス。

How to make p.39

{ℱ}
ロングコート

ノーカラーのシンプルなコート。
ワンピースとセットアップすると映画の主人公のような
レトロなおしゃれが楽しめます。
大きめのアンティークボタンがポイントに。

How to make p.39

実物大型紙 **B**
布地：［清原（株）］ギンガムチェック

{G}
ロングコート

Fの同じコートをリネン生地で作るとナチュラルに。
さらりと羽織って着こなしたい。

How to make p.39
実物大型紙 B
布地：[ソールパーノ] リネンシャンブレー

{H}
替え衿

コットンレースの替え衿は前でリボンに結ぶスタイル。
シンプルな服にプラスして可愛らしく。

How to make p.42
実物大型紙 B

{ } ショートコート

デージーの形の大きめのスパンコールを
きかせたショートコート。
上質なリトラニアリネンを使えば
しっかりとしたでき上がりに。
女優さんのように小粋に装いたい。

How to make p.39
実物大型紙 B
布地：［ホームクラフト］リネン

{j}
フレアーワンピース

大人っぽくて可愛い定番のフレアーワンピース。
シンプルなトップに半円形のスカートが
きれいなフレアーを描きます。
繊細なレース柄のコットンでレトロシックに。

How to make p.43

実物大型紙 **B**
布地：[清原(株)] 綿ローン

{K}

ボレロ

ワンピースとセットアップすると懐かしくてやさしい表情に。
気分はすっかり50sに。

How to make p.46

実物大型紙 Ⓒ
布地：[清原(株)] 綿ローン

{L}
ロールカラーワンピース

ストレートシルエットのワンピースは
ロールカラーがクラシカルでおしゃれ。
黒地にアンティークな小花柄のファブリックで。

How to make p.48

実物大型紙 C
布地：［清原（株）］花柄スラブクロス

{ *M* }

ボウつきブラウス

ロールカラーワンピースと同じ型紙で作ります。
ボウは結び方でいろんな表情が楽しめます。
色鉛筆のスケッチ風の水玉柄が可愛い。

How to make p.48

実物大型紙 **C**

布地：[清原(株)] 綿ローン

{ n }

パンツ

水玉プリントのワイドパンツ。
スカートにも見えるエレガントなシルエット。

How to make p.52

実物大型紙 Ⓒ
布地：[ソールパーノ] クリーミーデシン水玉プリント

コサージュ

バイアス裁ちの布をギャザーを寄せて作るコサージュ。
おそろい布で作って胸元に飾っても、
帽子やバッグなどの小物に合わせても。

How to make p.51

布地：［ソールパーノ］クリーミーデシン水玉プリント

{ P }
キュロット

nのパンツの型紙を短くしただけのキュロット。
先染めのチェックでマリン風に着こなしたい。

How to make p.52
実物大型紙 ⓒ
布地：［ソールパーノ］先染ローンスパークチェック

{Q}
Vネックチュニック

女性を美しく見せるVネック、ベルスリーブの長めの袖。
ウエストに軽くギャザーを寄せたやさしいデザイン。
ふわりと揺れて素敵。葉っぱに見えるのは可愛い小鳥の模様。

How to make p.54

実物大型紙 **D**
布地：[清原(株)] 綿ローン

{ R }

ラウンドネックチュニック

手ぬいでステッチをきかせたタック。
リボンを後ろで結ぶと
裾がふわりと広がって可愛いシルエットに。

How to make p.56

実物大型紙 D
布地：［ソールパーノ］先染綿麻ムラ糸シャンブレー

Front

Back

ロングカーディガン

ドレープの美しいエレガントなカーディガン。
袖つづきで軽やかな七分袖。シンプルで作りやすい形。

How to make p.58

実物大型紙 Ⓓ
布地：［ソールパーノ］綿麻テンセルダンガリー

{T} ポンチョブラウス

簡単に作れるポンチョブラウスは、
レトロな水玉とレース使い。
胸元にギャザーを寄せて
やわらかくて着心地のよいブラウス。

How to make p.60

実物大型紙 ❶
布地：[ソールパーノ] クリーミーデシン水玉プリント

{ u }

サブリナパンツ

映画『麗しのサブリナ』から名前がついた
細めのパンツ。シンプルできれいなライン。
ウエストで結んだシャツと合わせて
オードリーのように装いたい。

How to make p.62

実物大型紙 **D**
布地：[清原(株)] ギンガムチェック

{ How to make }

布合わせ、色合わせを楽しみながら
チクチクと手ぬいの時間。
ふんわりやわらかいやさしい洋服を作りましょう。

参考サイズ (単位cm)	{S}	{M}	{L}	{LL}
身長	154	156	160	162
バスト	78	84	92	100
ウエスト	62	67	74	80
ヒップ	88	92	96	102

{ 基本的な道具 }

1. 裁ちばさみ
布を切る専用のはさみ。

2. 糸切りばさみ
糸を切るときに使います。

3. 目打ち
角の形を整えるときなどに使います。

4. 方眼定規
ぬいしろをつけるなど、平行線を引くのに便利。

5. デスクスレダー
針に糸を簡単に通せます。

6. チャコペン
布地に印をつけるときに使います。

7. ひも通し
ゴムテープを通すときに使います。

8. テープメーカー
バイアステープを折りたたむときに使います。この本では9mm・12mmを使用。

9. 手ぬい糸
手ぬいしやすく丈夫。ポリエステル100%。

10. 手ぬいステッチ糸（MOCO）
ステッチをするときに使います。

11. 手ぬい糸
手ぬいしやすく丈夫。ポリエステル100%。

12. ひも通し
ゴムテープを通すときに使います。

13. メジャー
採寸やカーブを測るときに使います。

14. まち針
合わせた布がずれないようにとめておくのに使います。

15. 手ぬい針
薄地から普通地まで使える絹針「四ノ三」がおすすめ。

16. スレダー
針に糸を通すときに便利。

17. ピンクッション
作業中、まち針などを刺しておきます。

｛ 布の準備 ｝

型紙の用意

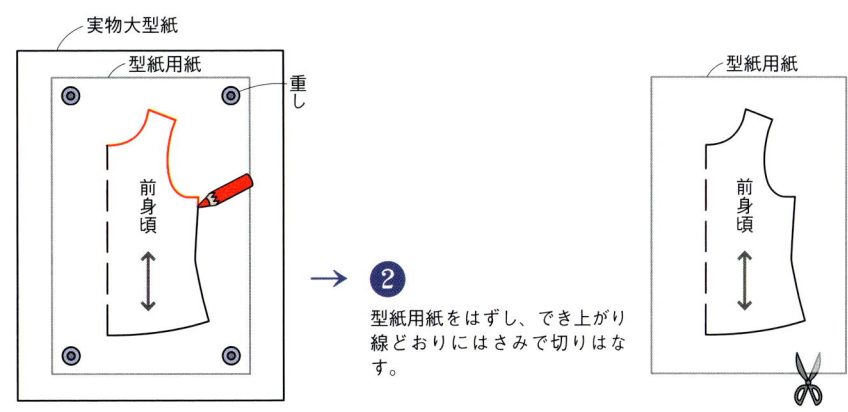

1 実物大型紙の上に型紙用紙をのせ、ずれないように重しで固定して鉛筆で写す。「わ」や「布目線」などの印も写す。

2 型紙用紙をはずし、でき上がり線どおりにはさみで切りはなす。

布を裁つ

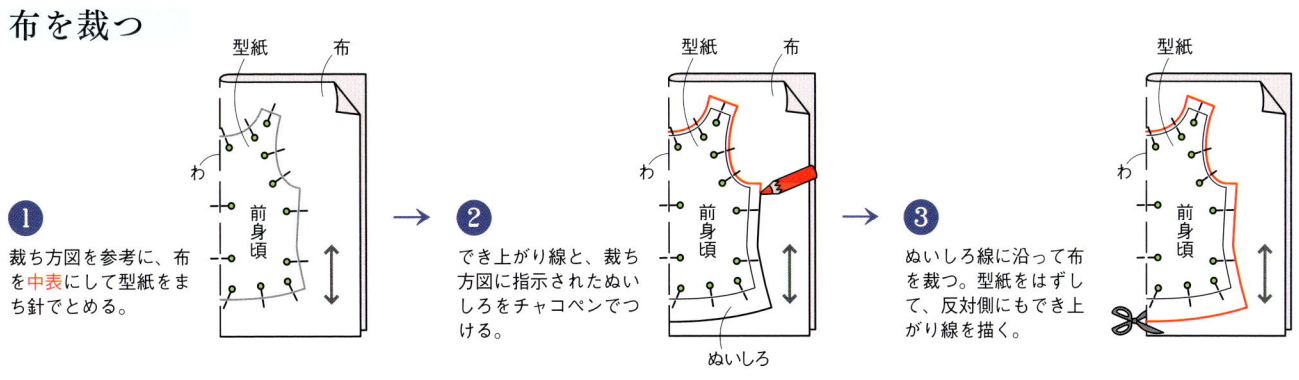

1 裁ち方図を参考に、布を中表にして型紙をまち針でとめる。

2 でき上がり線と、裁ち方図に指示されたぬいしろをチャコペンでつける。

3 ぬいしろ線に沿って布を裁つ。型紙をはずして、反対側にもでき上がり線を描く。

｛ 手ぬいの基本用語 ｝

わ
布地を二つに折ってできる部分を「わ」という。

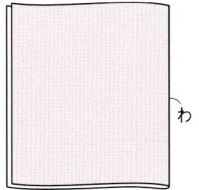

二つ折り
布を二つに折る。

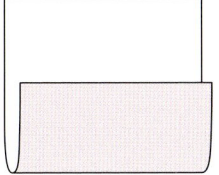

三つ折り
でき上がり線で一度折り、さらに布端を内側に入れて折る。

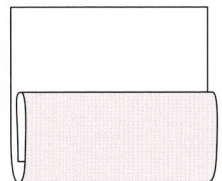

中表と外表
布地の表と表を向かい合わせて重ねることを「中表」といい、裏と裏を向かい合わせて重ねることを「外表」という。

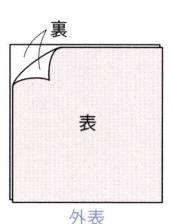

{ 基本のぬい方 }

ぬいはじめとぬい終わり

ぬいはじめ

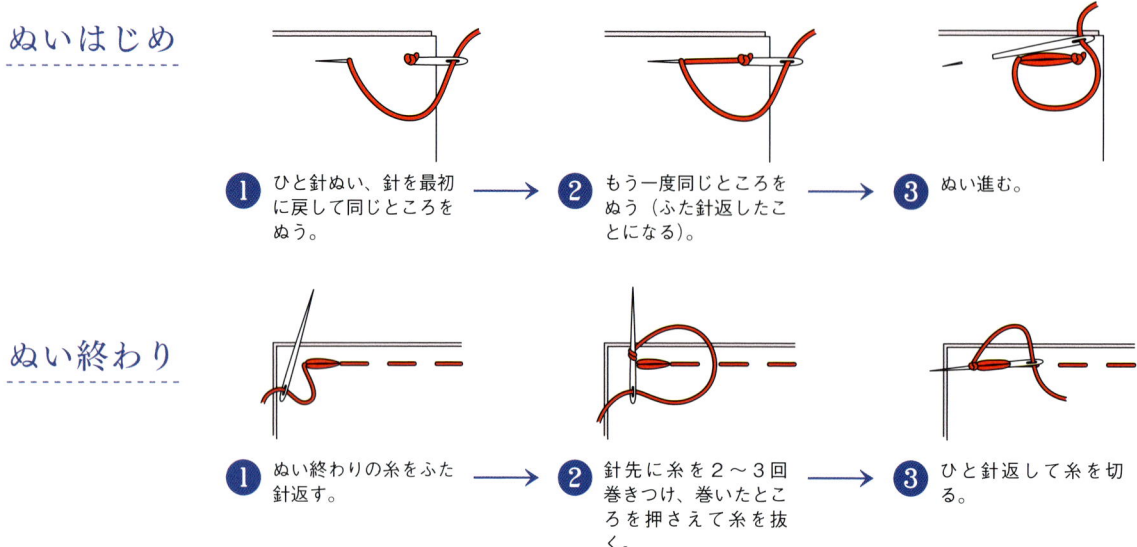

1. ひと針ぬい、針を最初に戻して同じところをぬう。
2. もう一度同じところをぬう（ふた針返したことになる）。
3. ぬい進む。

ぬい終わり

1. ぬい終わりの糸をふた針返す。
2. 針先に糸を2〜3回巻きつけ、巻いたところを押さえて糸を抜く。
3. ひと針返して糸を切る。

並ぬい

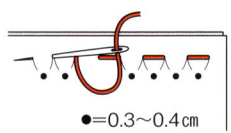

●=0.3〜0.4cm

手ぬいの基本。ちくちくリズミカルに針を動かします。

返しぐしぬい

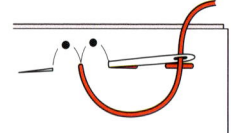
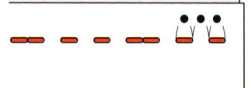

2〜3針並ぬいしたら、ひと針戻ってぬう。しっかり仕上げたいときに。

本返しぬい

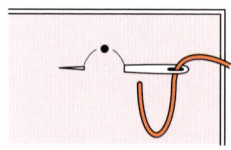
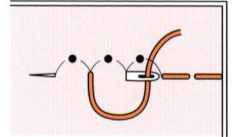

ひと針ずつ針を戻しながらぬう。とくにしっかりぬい合わせたいときに。

半返しぬい

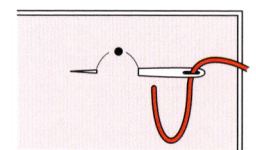
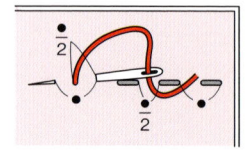

ひと針ぬったら、半目分戻してぬう。丈夫にぬい合わせたいときに。

袋ぬい

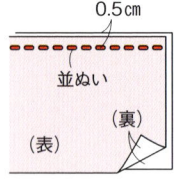
0.5cm / 並ぬい / （表） / （裏）

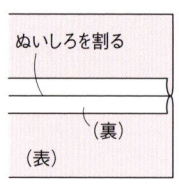
ぬいしろを割る / （表） / （裏）

でき上がり線を返しぐしぬい / （裏）

1. 布を外表に合わせて並ぬい
2. ぬいしろを爪アイロン※で割る。
3. 中表に合わせ直し、返しぐしぬいする。

※爪アイロンとは、親指の爪を折り目にあて折り線に沿って動かし、折り目をつけること。

折り伏せぬい

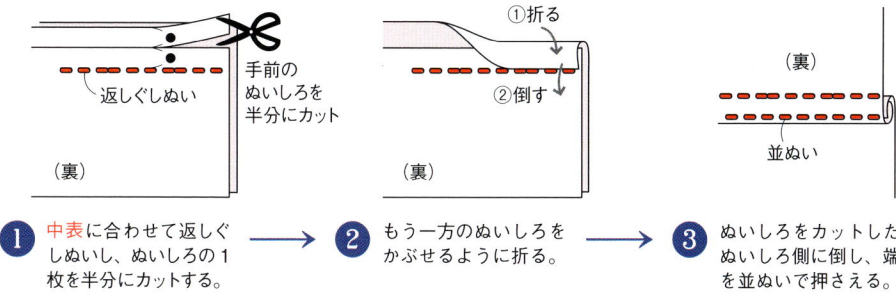

1. 中表に合わせて返しぐしぬいし、ぬいしろの1枚を半分にカットする。
2. もう一方のぬいしろをかぶせるように折る。
3. ぬいしろをカットしたぬいしろ側に倒し、端を並ぬいで押さえる。

割り伏せぬい

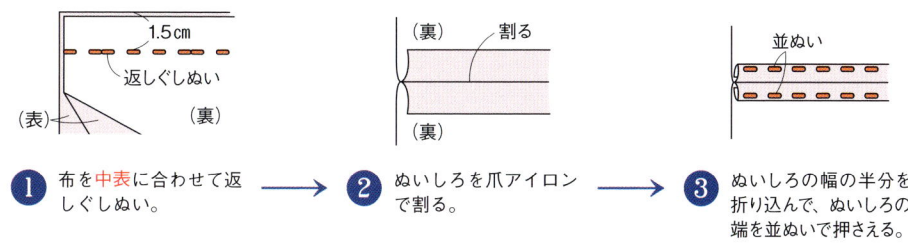

1. 布を中表に合わせて返しぐしぬい。
2. ぬいしろを爪アイロンで割る。
3. ぬいしろの幅の半分を折り込んで、ぬいしろの端を並ぬいで押さえる。

たてまつり

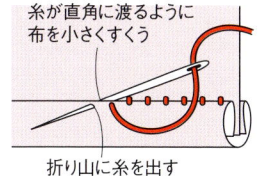

折り山の内側から針を出し、糸のすぐ上の表布を小さくすくう。

コの字まつり

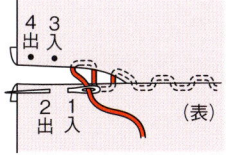

布を突き合わせて、折り山から出した糸を等間隔にコの字に渡しながら折り山をすくう。

バイアステープの作り方

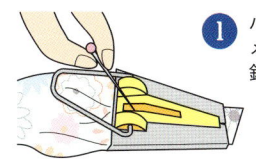

布目に対して45度の角度で必要な布幅を裁断する。

バイアステープのはぎ方

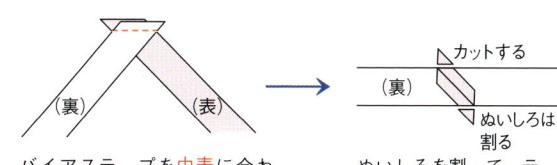

バイアステープを中表に合わせ、並ぬいでぬう。

ぬいしろを割って、テープからはみ出した部分を切り落とす。

テープメーカーの使い方

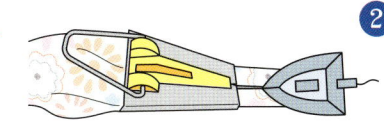

1. バイアス布をテープメーカーに入れ、まち針で出し口に押し出す。
2. バイアス布を引き出しながら、アイロンで折り目をつける。

{A} 半円形のサーキュラースカート　Photo p.6

〔材料〕
コットンシャンブレー　110cm幅 ▸▸▸
S190cm／M200cm／L210cm／LL220cm
山道テープ 0.5cm幅 ▸▸▸
S550cm／M560cm／L570cm／LL580cm
ゴムテープ 2cm幅 ▸▸▸ S60cm／M66cm／L72cm／LL78cm
手ぬい糸 ▸▸▸ No. 黒

実物大型紙 A 面

〔裁ち方図〕　数字は上から S／M／L／LL

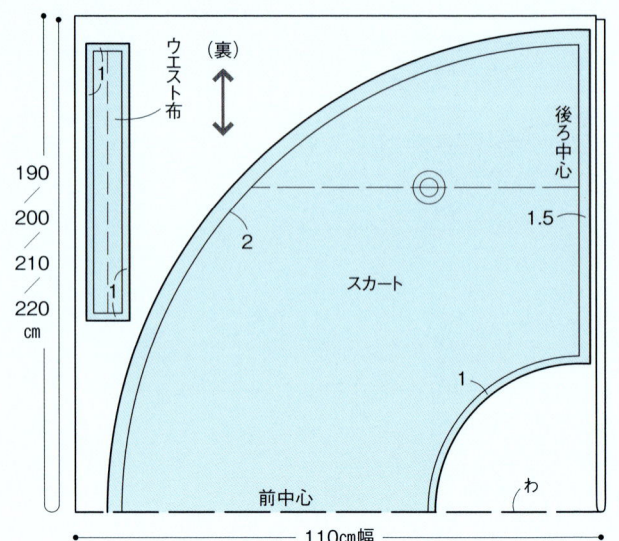

How to make

1　後ろ中心を袋ぬい

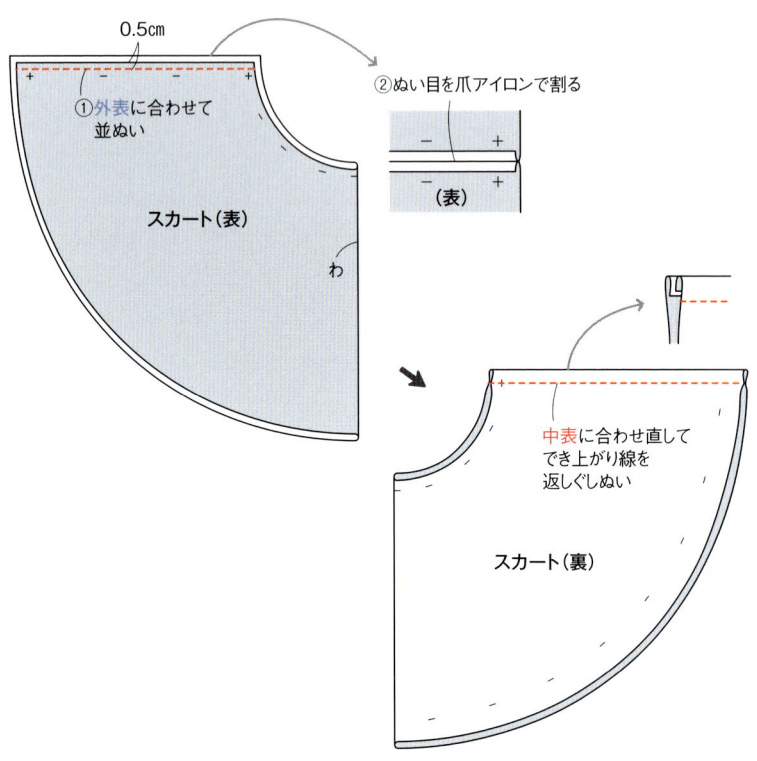

2　ウエスト布を作る

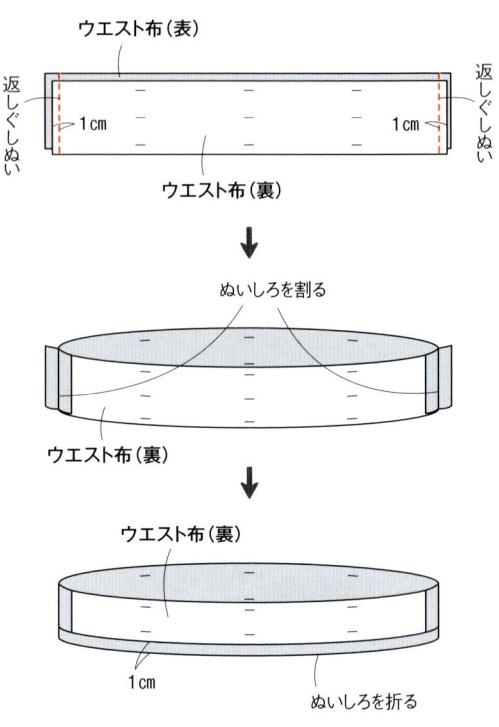

❸ ウエスト布をつける

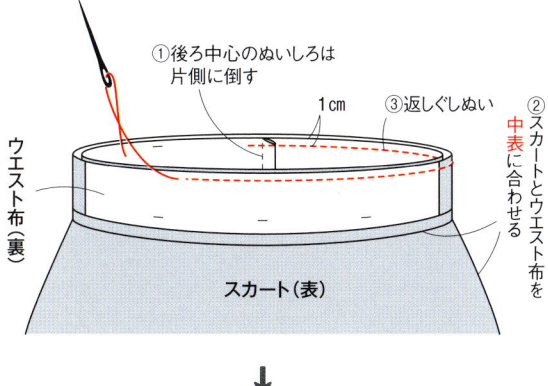

❹ 裾を三つ折りしてぬう

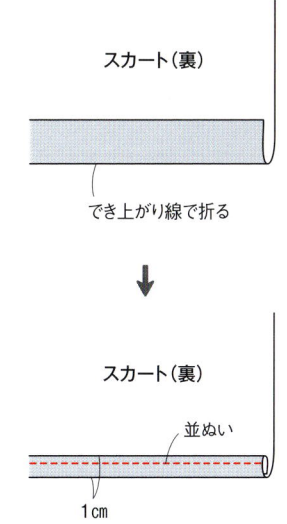

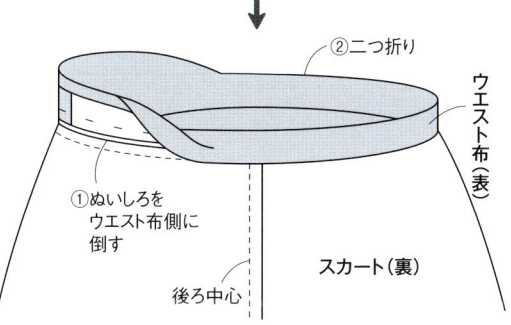

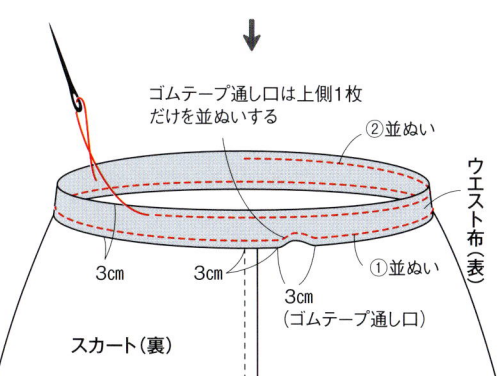

❺ ウエスト布にゴムテープを通す

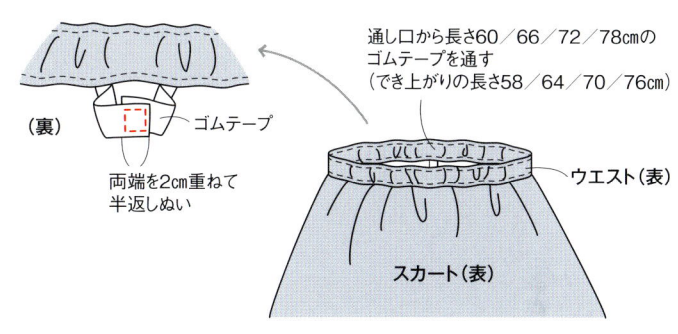

❻ 山道テープをつける

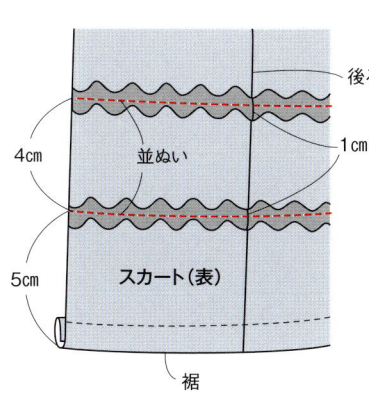

{B} スカーフ風ベスト Photo p.7

〔材料〕
コットンボイル 110cm幅 ▸▸▸ S150cm／M150cm／L160cm／LL160cm
カギホック（小）▸▸▸ 1組
手ぬい糸 ▸▸▸ No. 黒

実物大型紙 A面

〔裁ち方図〕数字は上から S／M／L／LL

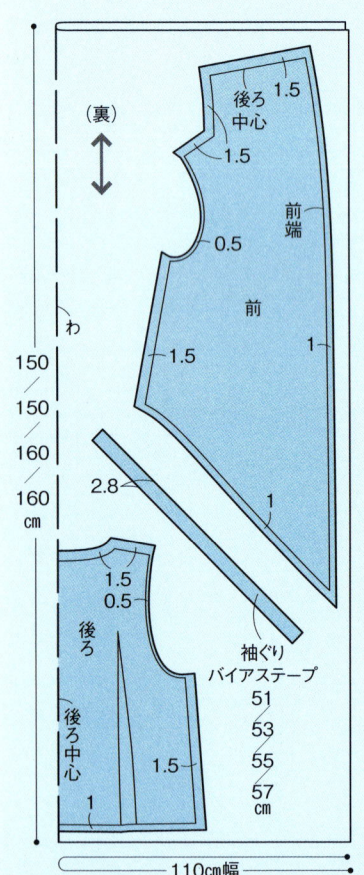

How to make

1 ダーツをぬう

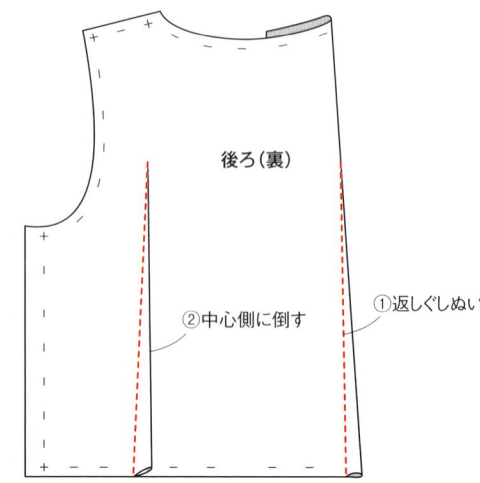

2 衿の後ろ中心を割り伏せぬい

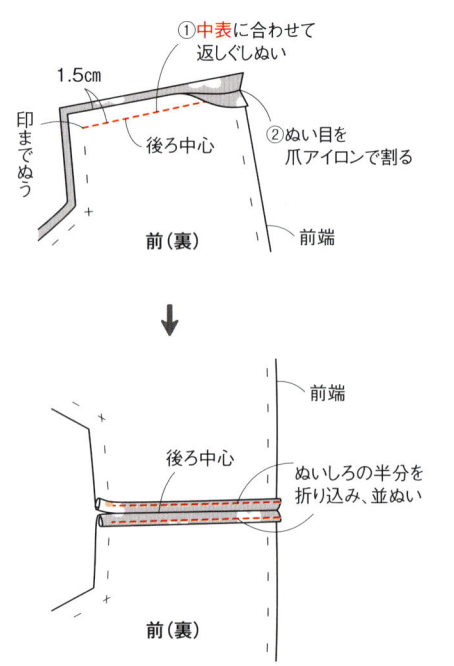

❸ 後ろ衿ぐりと肩を折り伏せぬい

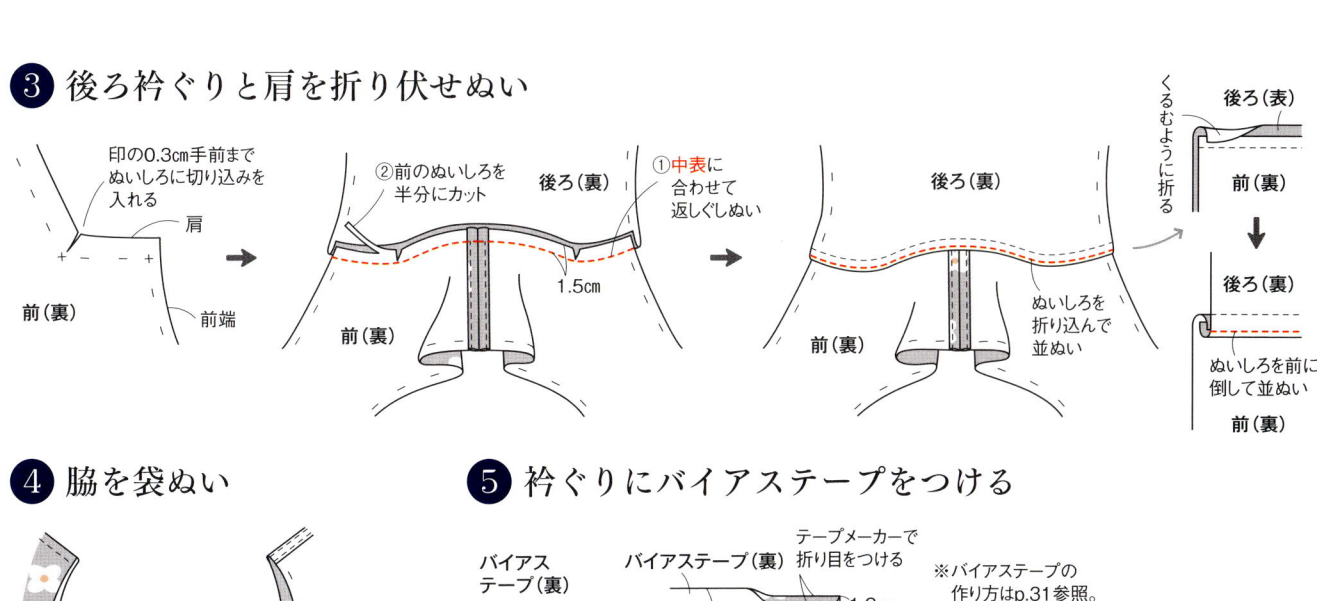

❹ 脇を袋ぬい

❺ 衿ぐりにバイアステープをつける

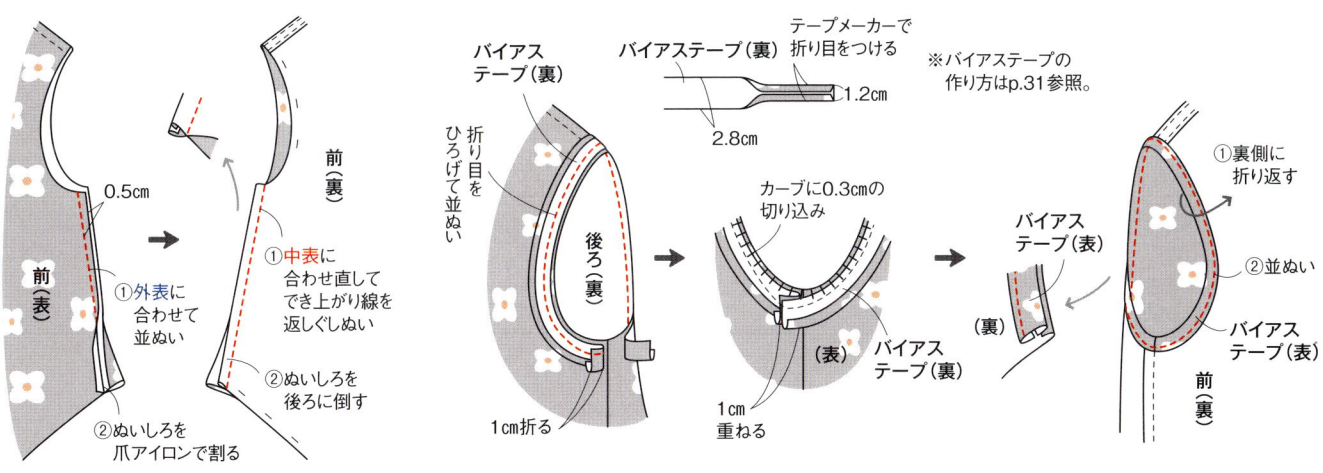

❻ 衿、前端、裾をぬう

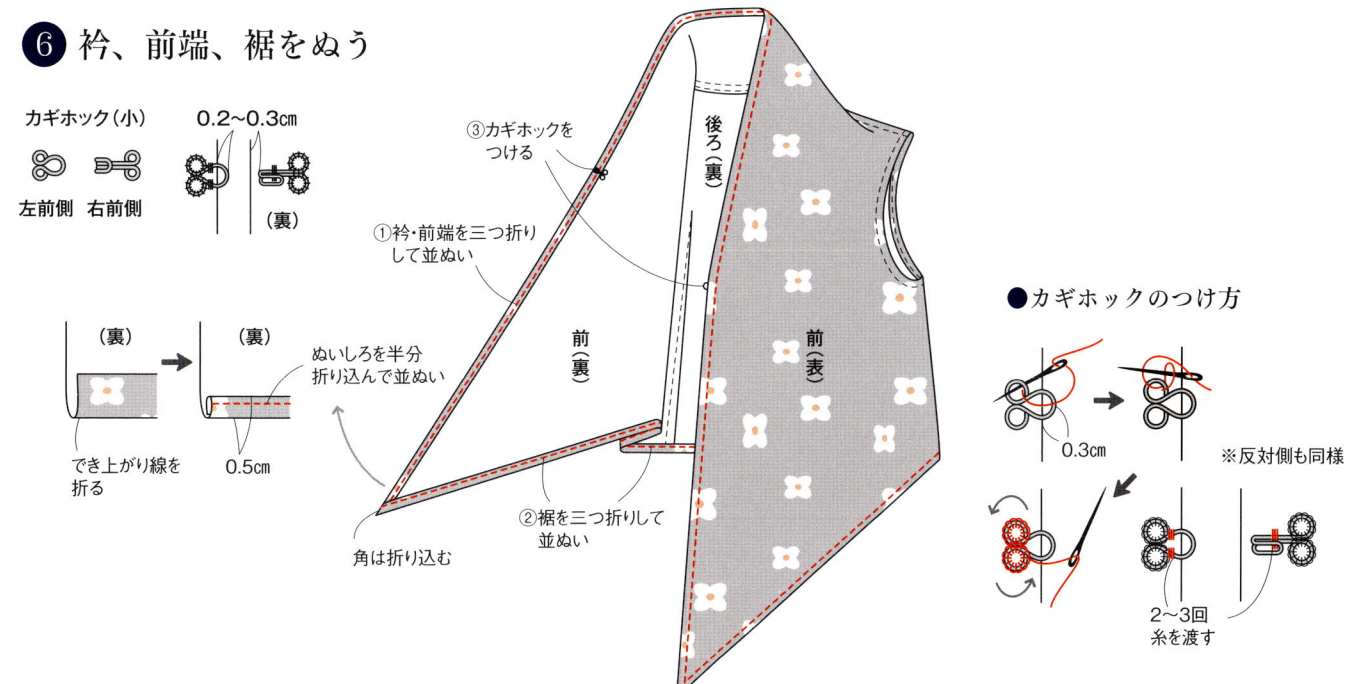

{C} ノースリーブブラウス Photo p.8
{D} ノースリーブワンピース Photo p.10

〔裁ち方図〕
数字は上からS／M／L／LL

〔材料〕
{C}
花柄スラブクロス 110cm幅 ▶▶▶
S140cm／M150cm／L160cm／LL170cm
手ぬい糸 ▶▶▶ No.9（ピンク）

{C}
ローンフラワーレース 110cm幅 ▶▶▶
S140cm／M150cm／L160cm／LL170cm
手ぬい糸 ▶▶▶ No.59（グリーン）

{D}
ギンガムチェック 110cm ▶▶▶
S220cm／M230cm／L240cm／LL250cm
手ぬい糸 ▶▶▶ No.88（水色）

実物大型紙 A 面

How to make

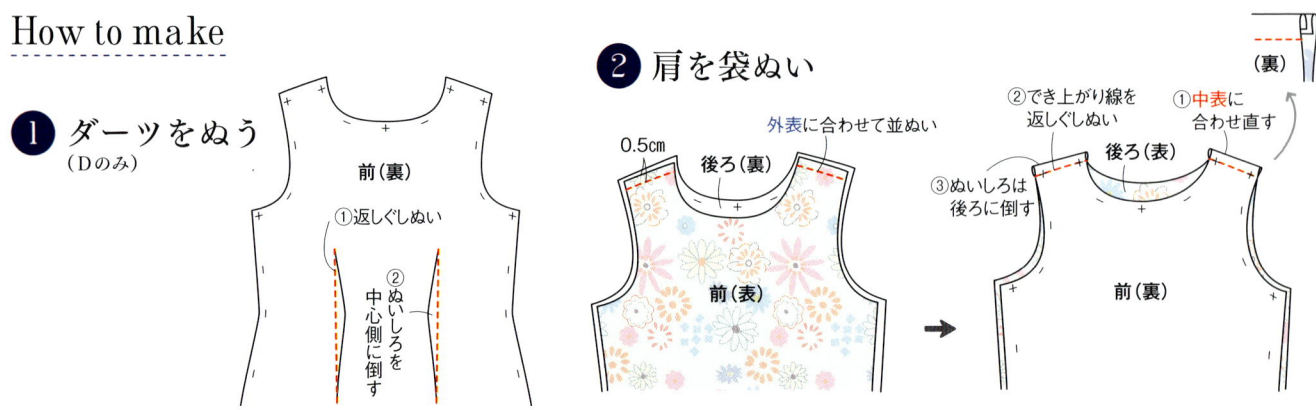

① ダーツをぬう（Dのみ）

② 肩を袋ぬい

③ 衿ぐりにバイアステープをつける

バイアステープ(裏)　テープメーカーで折り目をつける
1.2cm
2.8cm

※バイアステープの作り方はp.31参照。

①折り目をひろげて並ぬい
前(表)
②カーブに切り込み

①裏側に折り返す
②並ぬい
前(裏)
バイアステープ(表)

バイアステープ(表)
(裏)

後ろ(表)
1cm折る
バイアステープ(裏)

0.3cmの切り込み
1cm重ねる
バイアステープ(裏)
前(表)

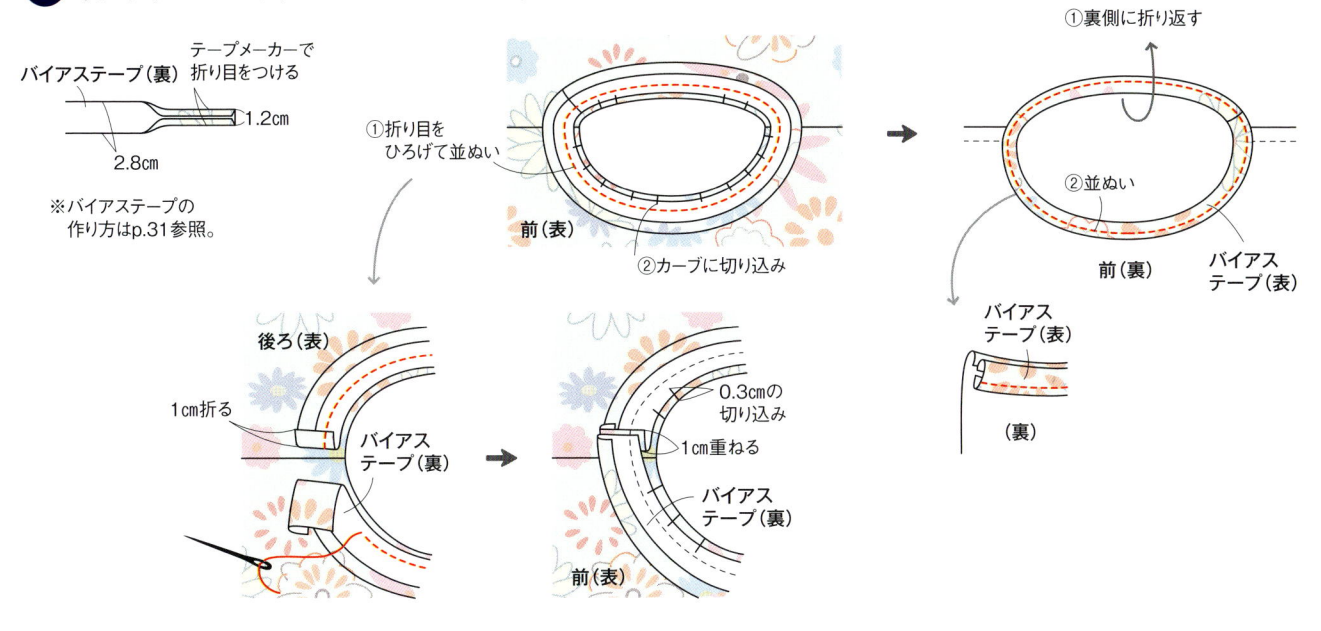

④ 脇を袋ぬい／袖ぐりにバイアステープをつける

後ろ(表)
バイアステープ(表)
前(裏)
①肩と同じに袋ぬい
②衿ぐりと同じにバイアステープをつける

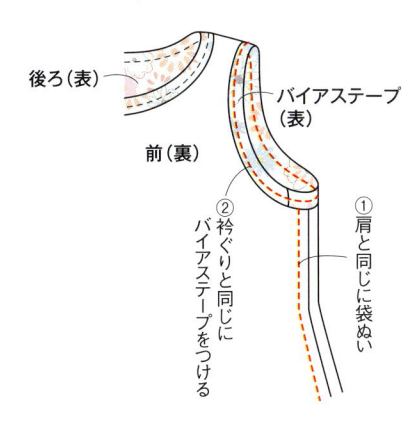

⑤ 裾を三つ折りして並ぬい

(裏)
でき上がり線で折る

(裏)
並ぬい
Cは2cm
Dは2.5cm

C

D

C

{ℓ} レースネックレス Photo p.10

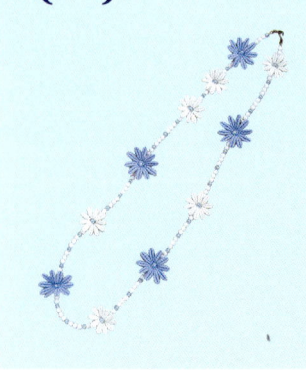

〔材料〕
レースモチーフ 白 ▸▸▸ 直径3.5cm × 6枚
レースモチーフ 水色 ▸▸▸ 直径4.5cm × 5枚
ビーズ 白 ▸▸▸ 直径0.6cm × 114個
パールビーズ 水色 ▸▸▸ 直径0.5cm × 30個
ネックレス用留金 ▸▸▸ 1組
手ぬい糸 ▸▸▸ No. 白

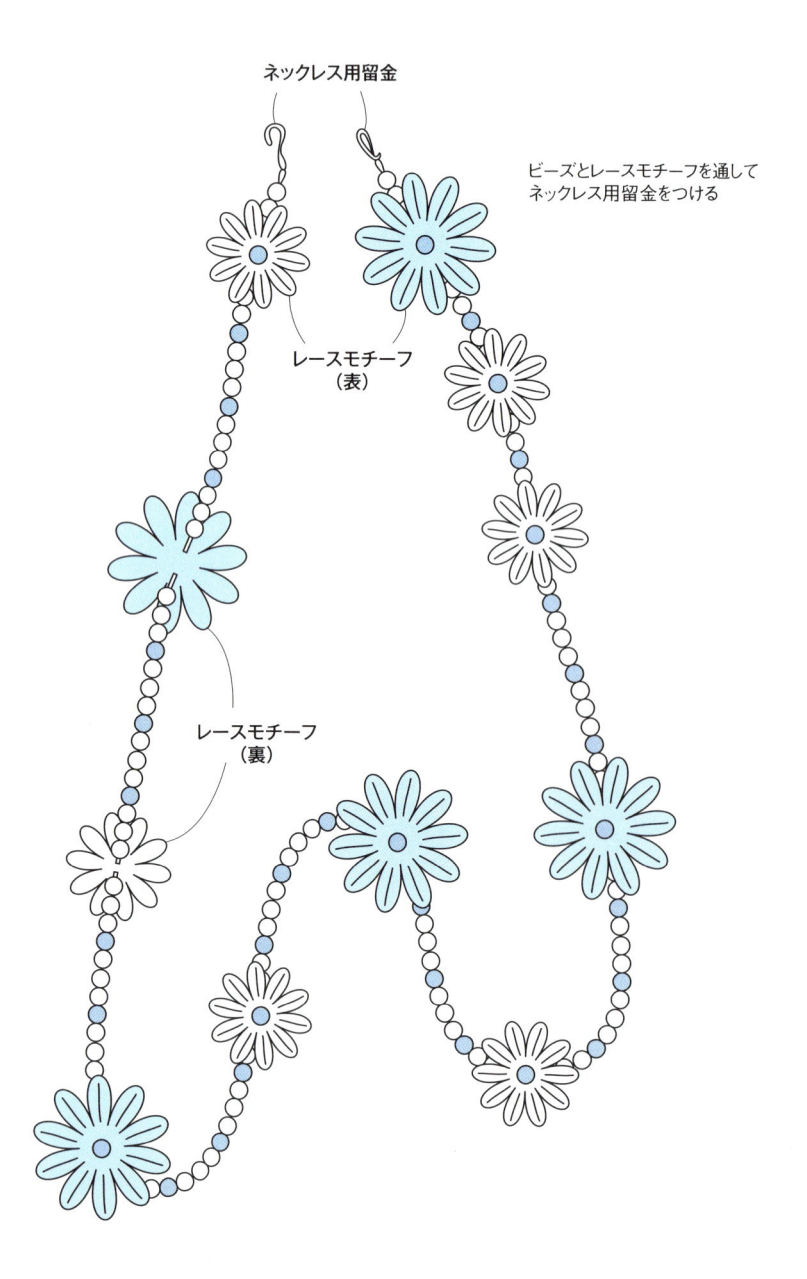

ネックレス用留金

ビーズとレースモチーフを通して
ネックレス用留金をつける

レースモチーフ
（表）

レースモチーフ
（裏）

{F}{G} ロングコート Photo p.11, 12
{I} ショートコート Photo p.13

〔裁ち方図〕
数字は上からS／M／L／LL

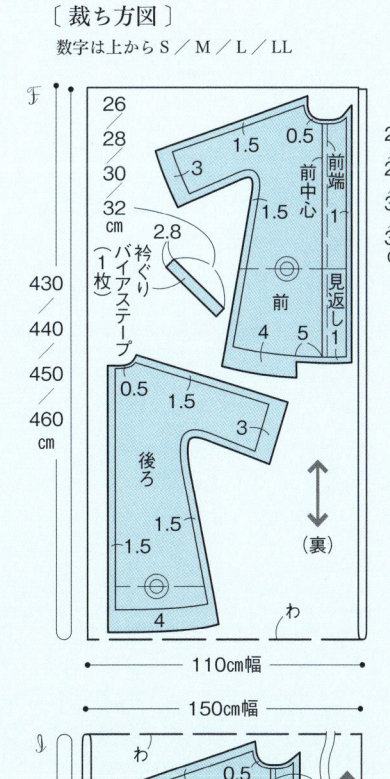

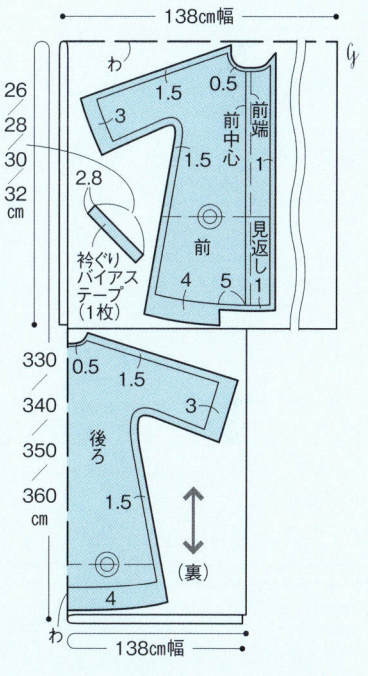

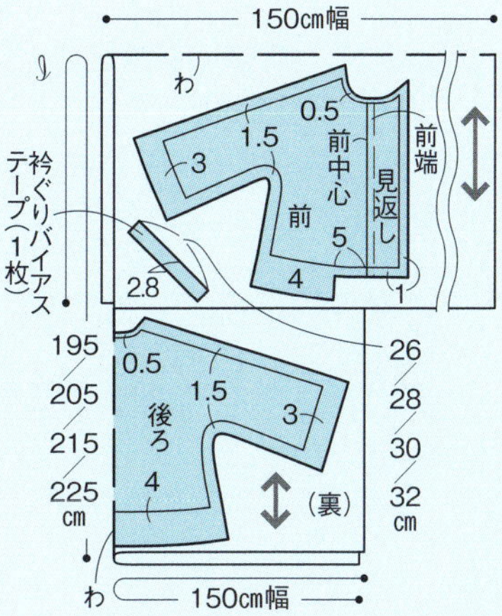

〔材料〕

{F}
ギンガムチェック 110cm幅 ▸▸▸
S430cm／M440cm／L450cm／LL460cm
接着芯 ▸▸▸ 20×110cm
ボタン ▸▸▸ 直径2.7cm×3個
スナップ ▸▸▸ 直径1.3cm×3個
手ぬい糸 ▸▸▸ No.88（水色）

{G}
リネンシャンブレー 138cm幅 ▸▸▸
S330cm／M340cm／L350cm／LL360cm
接着芯 ▸▸▸ 20×110cm
ボタン ▸▸▸ 直径2.8cm×3個
スナップ ▸▸▸ 直径1.3cm×3個
手ぬい糸 ▸▸▸ No.240（ブロンズ）

{I}
リネン 150cm幅 ▸▸▸
S195cm／M205cm／L215cm／LL225cm
接着芯 ▸▸▸ 20×55cm
スパンコール ▸▸▸ 大6枚、中4枚
手ぬいステッチ糸（MOCO） ▸▸▸ No.黒
手ぬい糸 ▸▸▸ No.黒

実物大型紙 B面

How to make

❶ 後ろ中心を袋ぬい（Fのみ）

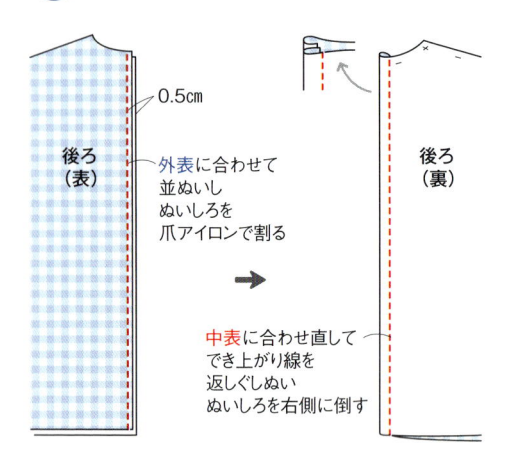

0.5cm
後ろ（表）
外表に合わせて並ぬいしぬいしろを爪アイロンで割る

後ろ（裏）
中表に合わせ直してでき上がり線を返しぐしぬいぬいしろを右側に倒す

❷ 見返しに接着芯を貼る

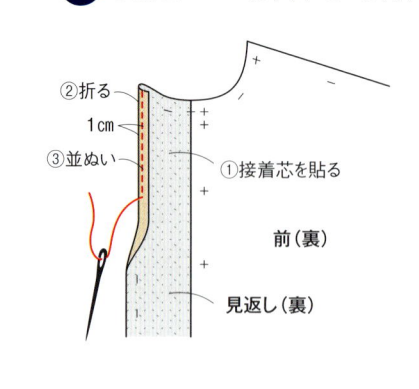

②折る
1cm
③並ぬい
①接着芯を貼る
前（裏）
見返し（裏）

❸ 肩を袋ぬい

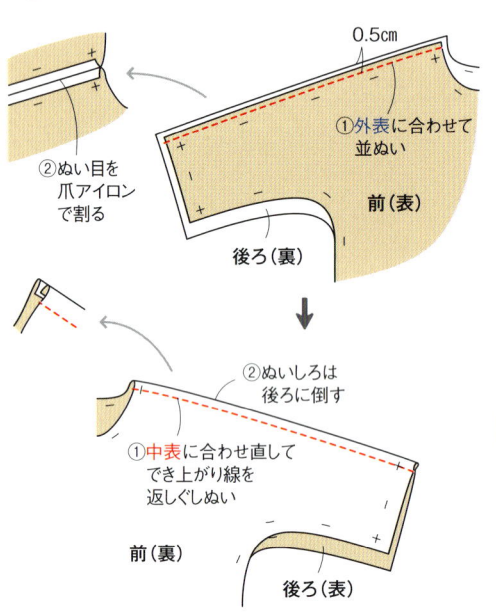

0.5cm
①外表に合わせて並ぬい
②ぬい目を爪アイロンで割る
前（表）
後ろ（裏）

①中表に合わせ直してでき上がり線を返しぐしぬい
②ぬいしろは後ろに倒す
前（裏）
後ろ（表）

❹ 衿ぐりにバイアステープをつける

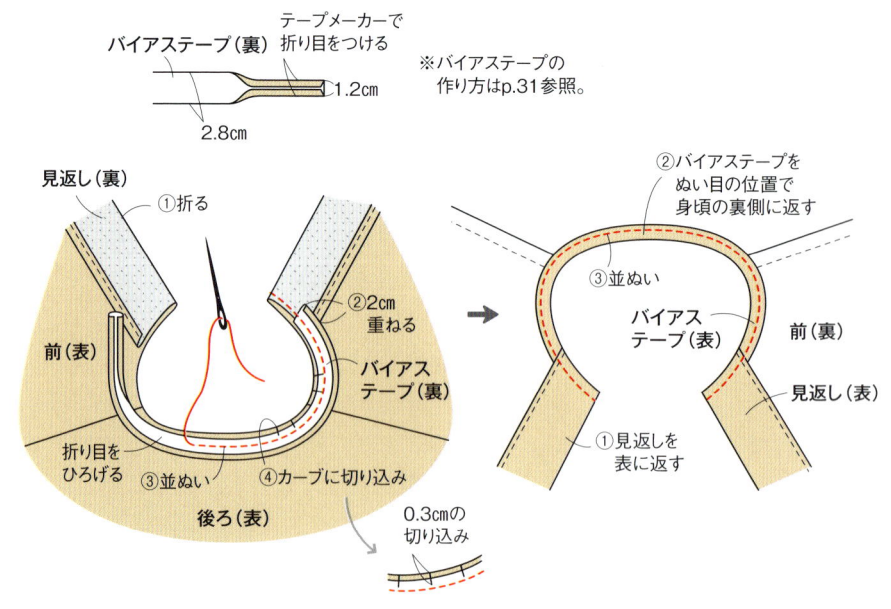

バイアステープ（裏）
テープメーカーで折り目をつける
1.2cm
2.8cm
※バイアステープの作り方はp.31参照。

見返し（裏）
①折る
前（表）
②2cm重ねる
バイアステープ（裏）
折り目をひろげる
③並ぬい
後ろ（表）
④カーブに切り込み
0.3cmの切り込み

②バイアステープをぬい目の位置で身頃の裏側に返す
③並ぬい
バイアステープ（表）
前（裏）
①見返しを表に返す
見返し（表）

❺ 袖下から脇を袋ぬい

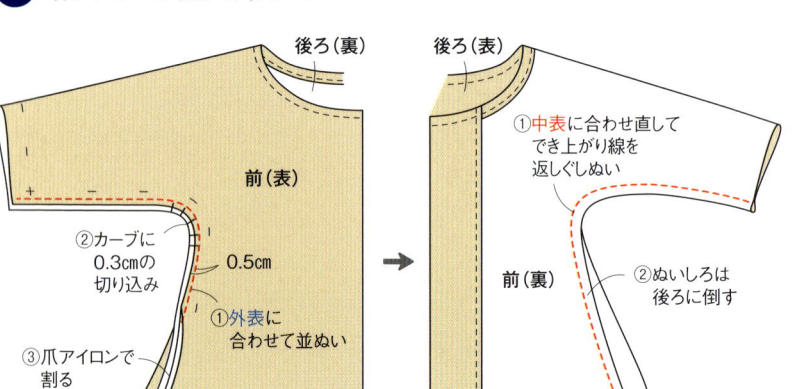

後ろ（裏）
前（表）
②カーブに0.3cmの切り込み
0.5cm
①外表に合わせて並ぬい
③爪アイロンで割る

後ろ（表）
①中表に合わせ直してでき上がり線を返しぐしぬい
前（裏）
②ぬいしろは後ろに倒す

❻ 袖口を三つ折りして並ぬい

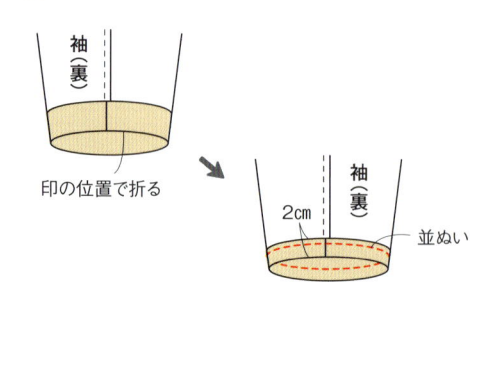

袖（裏）
印の位置で折る

袖（裏）
2cm
並ぬい

❼ 前端、裾をぬう

- 前(表)
- 見返し(裏)
- 返しぐしぬい
- 1cm
- 0.3cm
- 見返し(表)
- 前(裏)
- ②前端を並ぬい
- ①三つ折りして並ぬい
- 3cm
- (裏)
- でき上がり線で折る
- (裏)
- 3cm

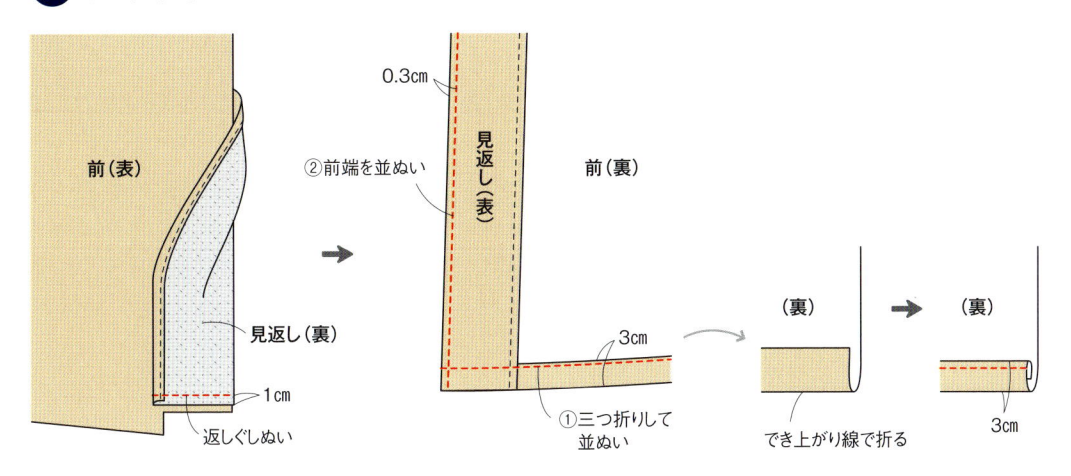

❽ スナップ、ボタンをつける（F・Gのみ）
　スパンコールをつける（Iのみ）

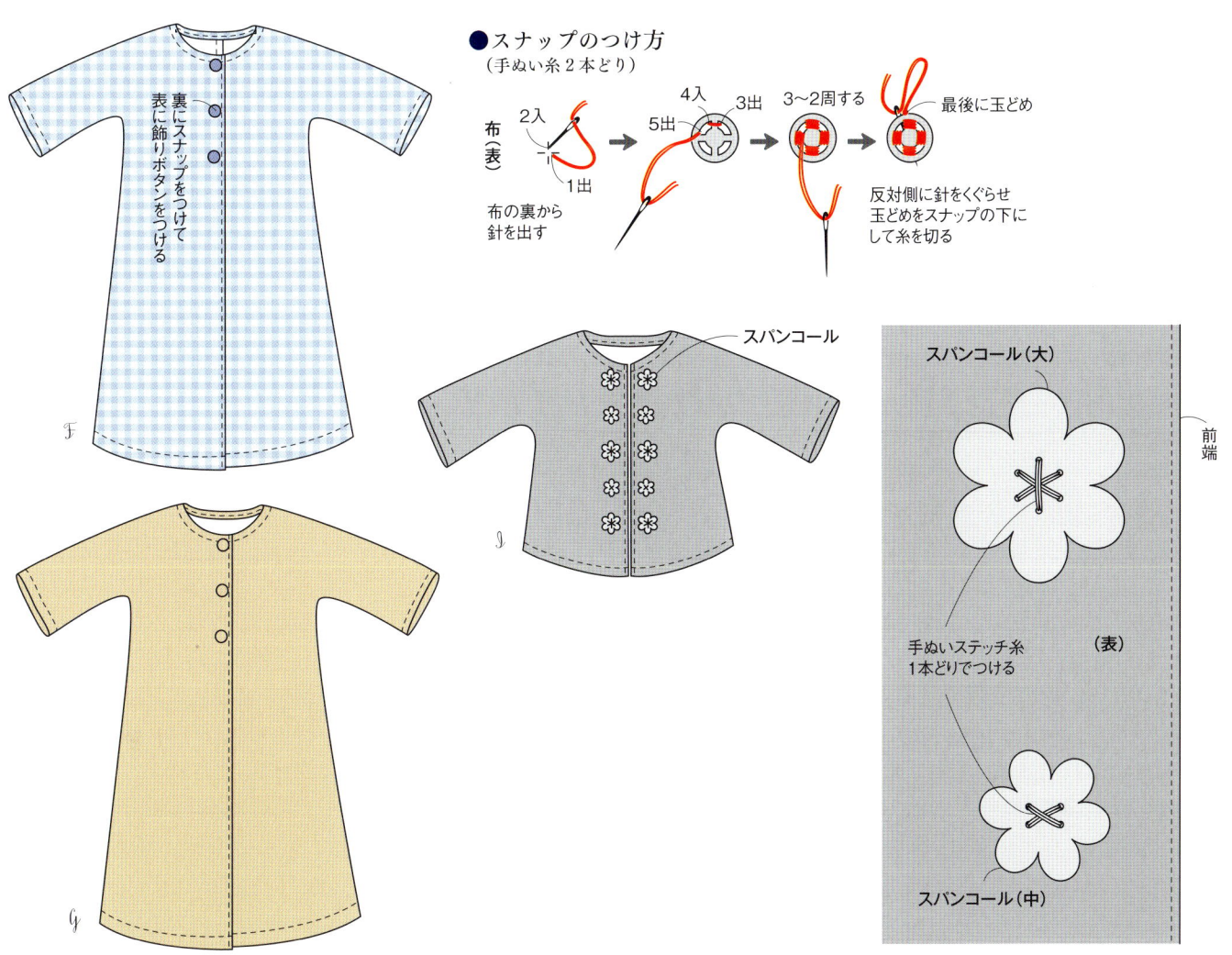

裏にスナップをつけて表に飾りボタンをつける

●スナップのつけ方（手ぬい糸2本どり）

- 布(表)
- 布の裏から針を出す
- 1出 2入
- 5出 4入 3出
- 3～2周する
- 最後に玉どめ
- 反対側に針をくぐらせ玉どめをスナップの下にして糸を切る

スパンコール

スパンコール(大)

スパンコール(中)

前端

(表)

手ぬいステッチ糸1本どりでつける

{ H } 替え衿　Photo p.12

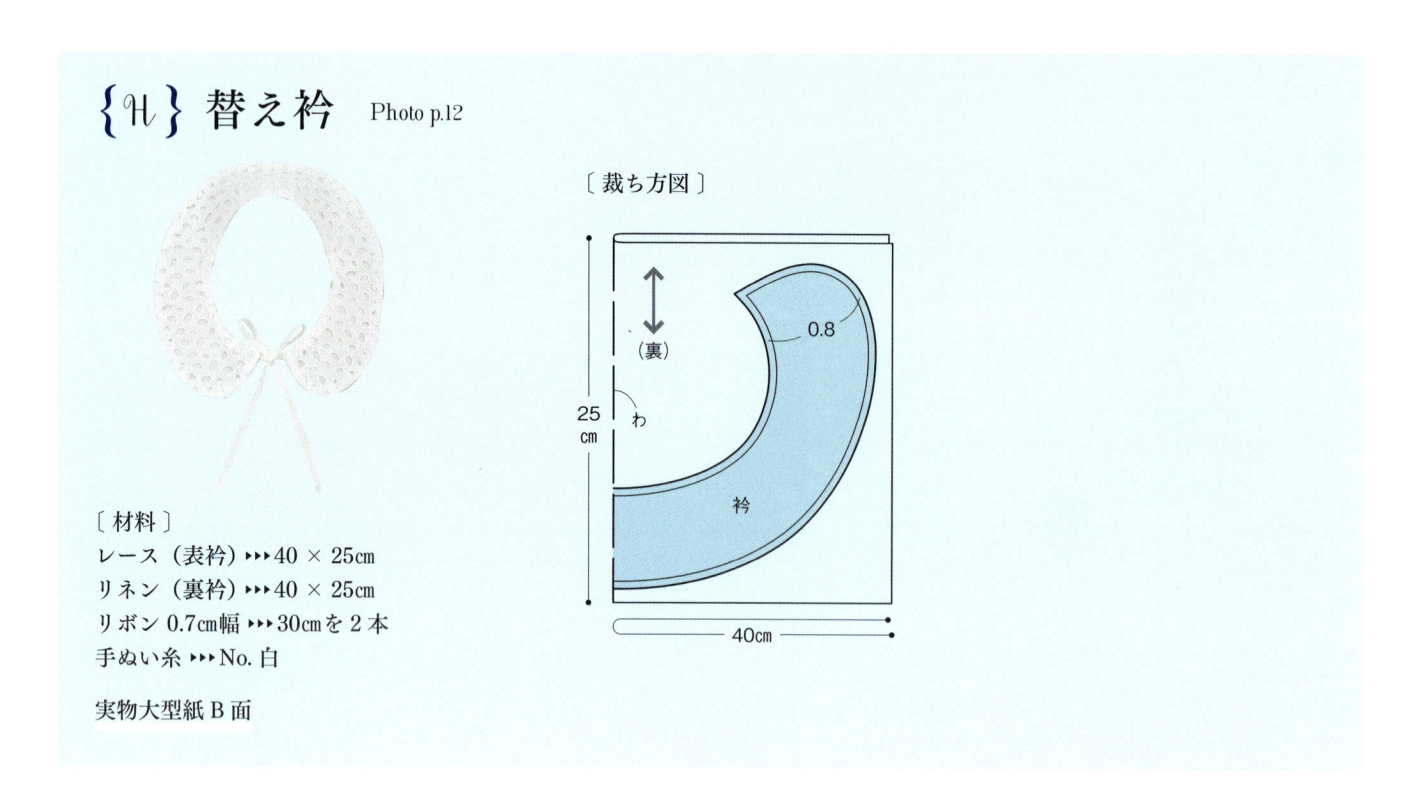

〔裁ち方図〕

25cm / 40cm / （裏） / わ / 衿 / 0.8

〔材料〕
レース（表衿）▶▶▶ 40×25cm
リネン（裏衿）▶▶▶ 40×25cm
リボン 0.7cm幅 ▶▶▶ 30cmを2本
手ぬい糸 ▶▶▶ No. 白

実物大型紙 B 面

How to make

① 衿まわりをぬう

- ②カーブに0.5cmの切り込み
- 返し口を6cmぬい残す
- 裏衿（表）
- 表衿（裏）
- 0.8cm
- ①中表に合わせて並ぬい

② 表に返してリボンをつける

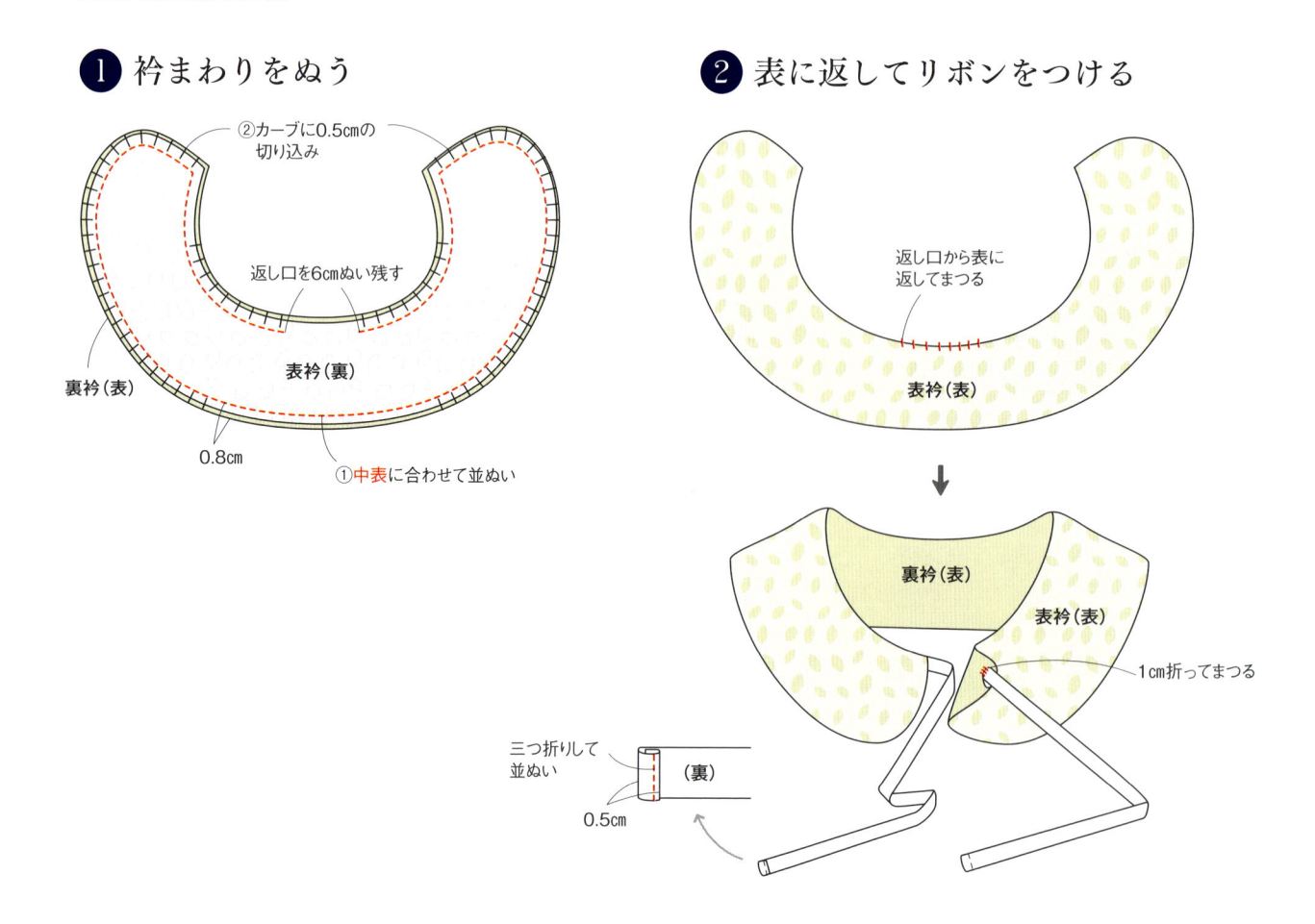

- 返し口から表に返してまつる
- 表衿（表）
- 裏衿（表）
- 表衿（表）
- 1cm折ってまつる
- 三つ折りして並ぬい
- （裏）
- 0.5cm

{j} フレアーワンピース Photo p.14

〔材料〕
綿ローン 110cm幅 ▸▸▸
S310cm／M320cm／L330cm／LL340cm
手ぬい糸 ▸▸▸ No. 黒

実物大型紙 B 面

〔裁ち方図〕 数字は上からS／M／L／LL

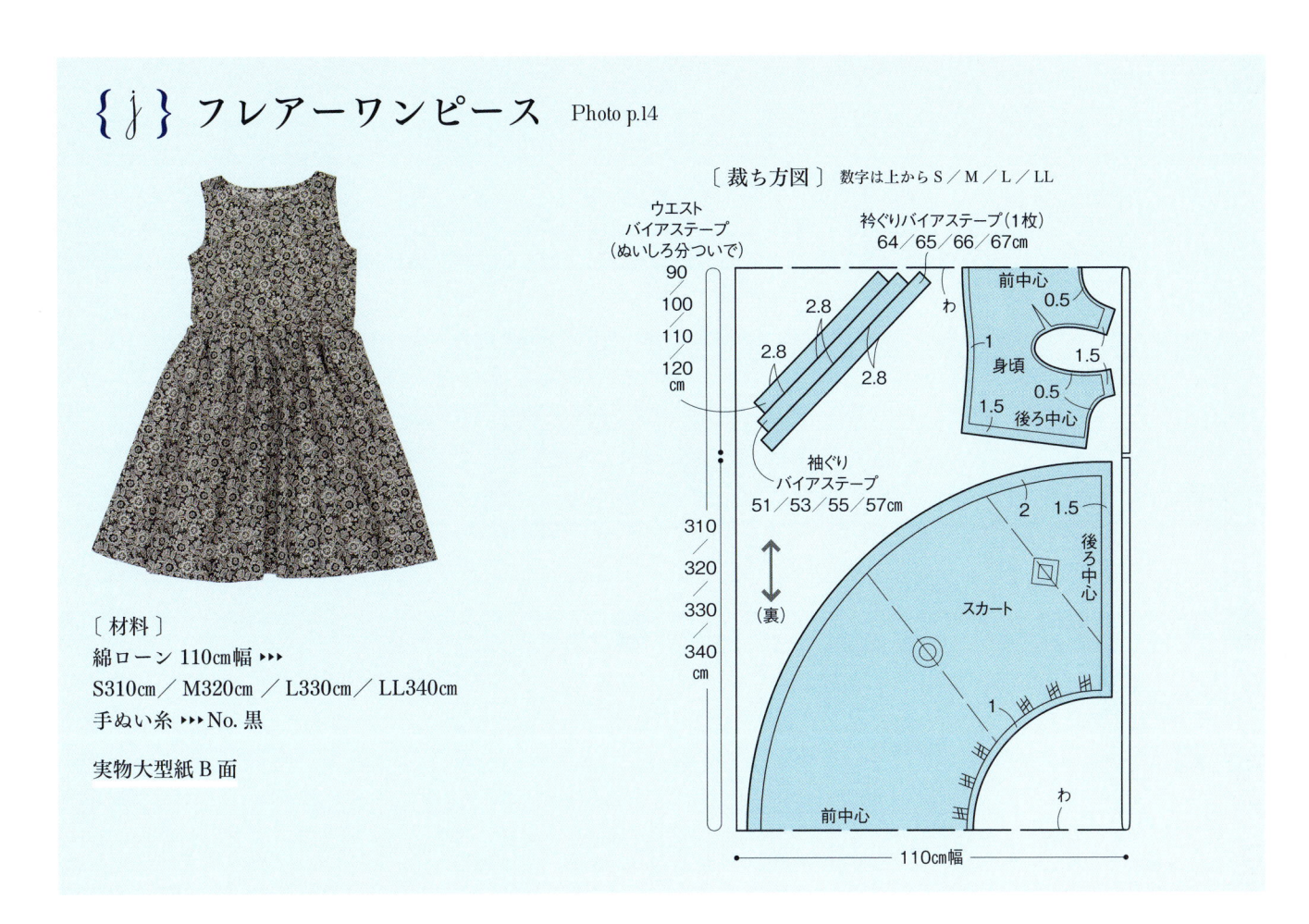

ウエストバイアステープ（ぬいしろ分つけで） 90／100／110／120 cm

衿ぐりバイアステープ（1枚） 64／65／66／67cm

2.8

袖ぐりバイアステープ 51／53／55／57cm

前中心 0.5 / 1 / 1.5 / 後ろ中心 0.5 / 1.5 身頃

スカート 後ろ中心 2 / 1.5 / 1
前中心　わ

S310／M320／L330／LL340 cm

110cm幅

How to make

① ダーツをぬう
前／後ろ（裏）
①印まで返しぐしぬい
②ぬいしろを上に倒す

② 後ろ中心を袋ぬい
①外表に合わせて並ぬい
0.5cm
後ろ（表）
②爪アイロンで割る
後ろ（裏）
①中表に合わせ直してでき上がり線を返しぐしぬい
②ぬいしろを右へ倒す

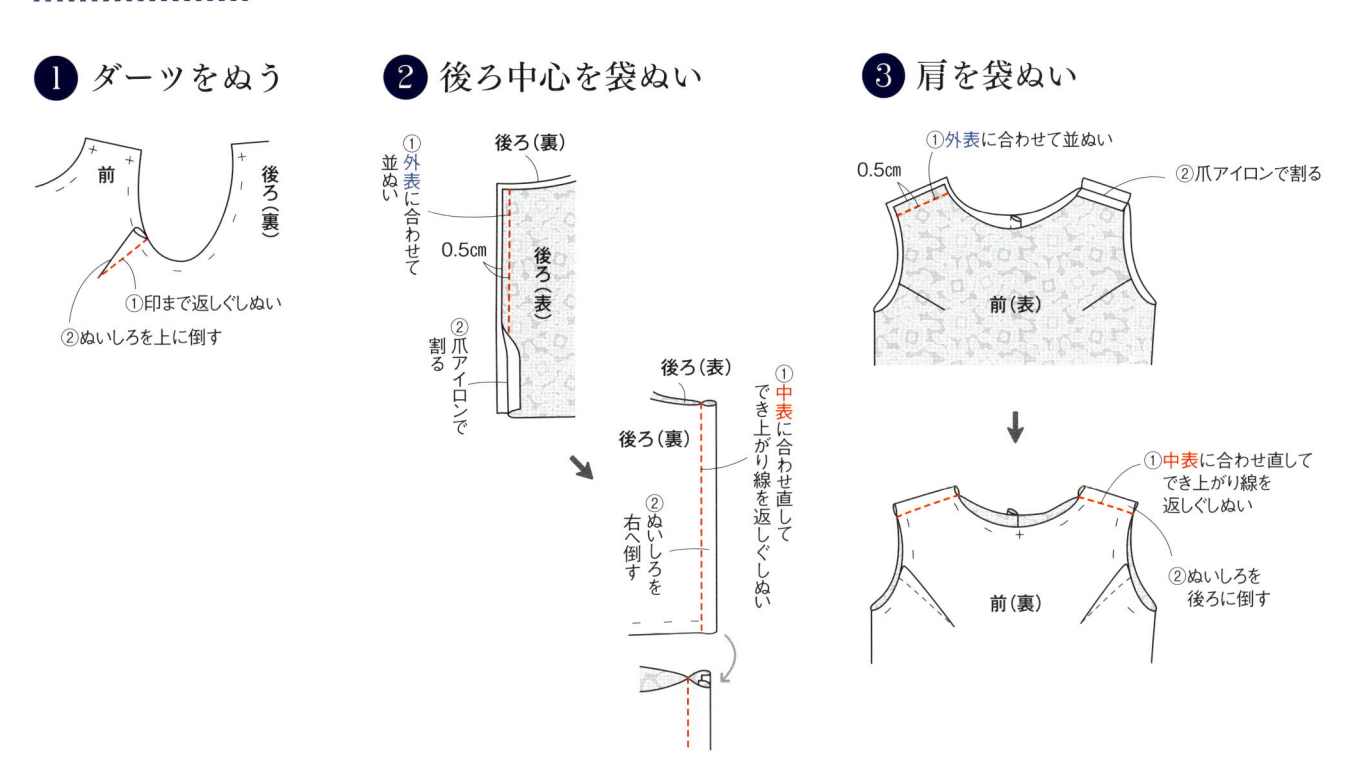

③ 肩を袋ぬい
①外表に合わせて並ぬい
0.5cm
②爪アイロンで割る
前（表）
①中表に合わせ直してでき上がり線を返しぐしぬい
②ぬいしろを後ろに倒す
前（裏）

❹ 衿ぐりにバイアステープをつける

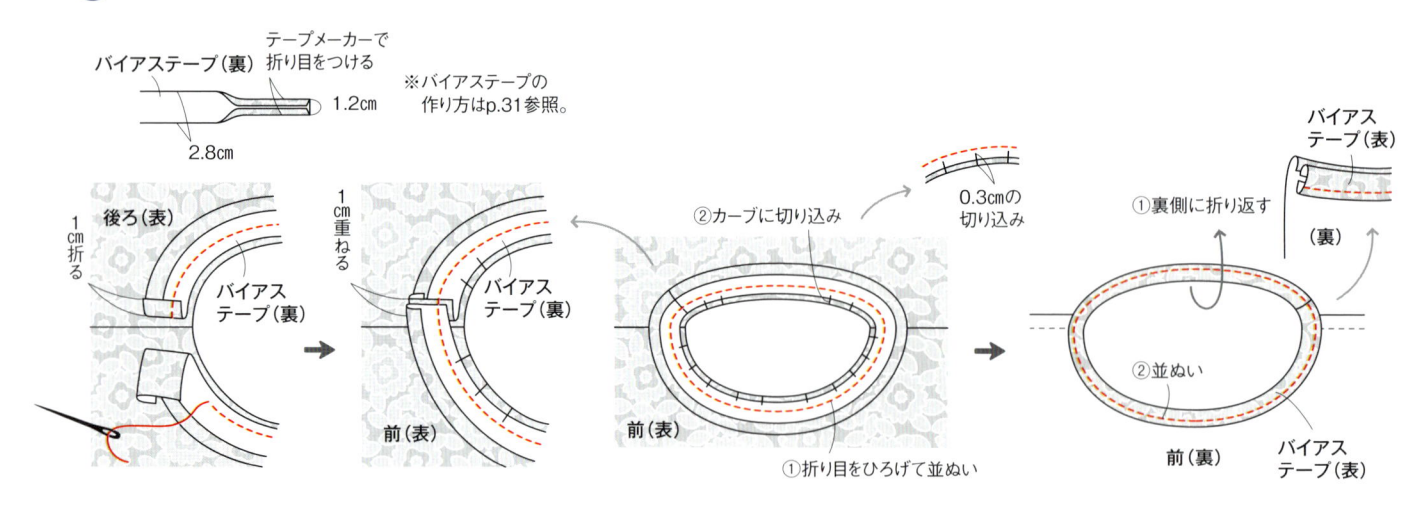

バイアステープ(裏) テープメーカーで折り目をつける
2.8cm 1.2cm
※バイアステープの作り方はp.31参照。

1cm折る / 後ろ(表) / バイアステープ(裏) / 1cm重ねる / 前(表) / ②カーブに切り込み / 0.3cmの切り込み / ①折り目をひろげて並ぬい / ①裏側に折り返す / バイアステープ(表) / ②並ぬい / 前(裏) / バイアステープ(表)

❺ 袖ぐりにバイアステープをつける

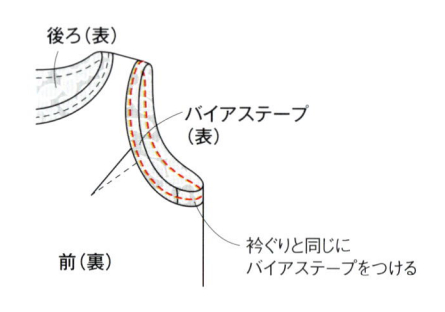

後ろ(表) / バイアステープ(表) / 前(裏) / 衿ぐりと同じにバイアステープをつける

❻ スカートのタックをたたむ

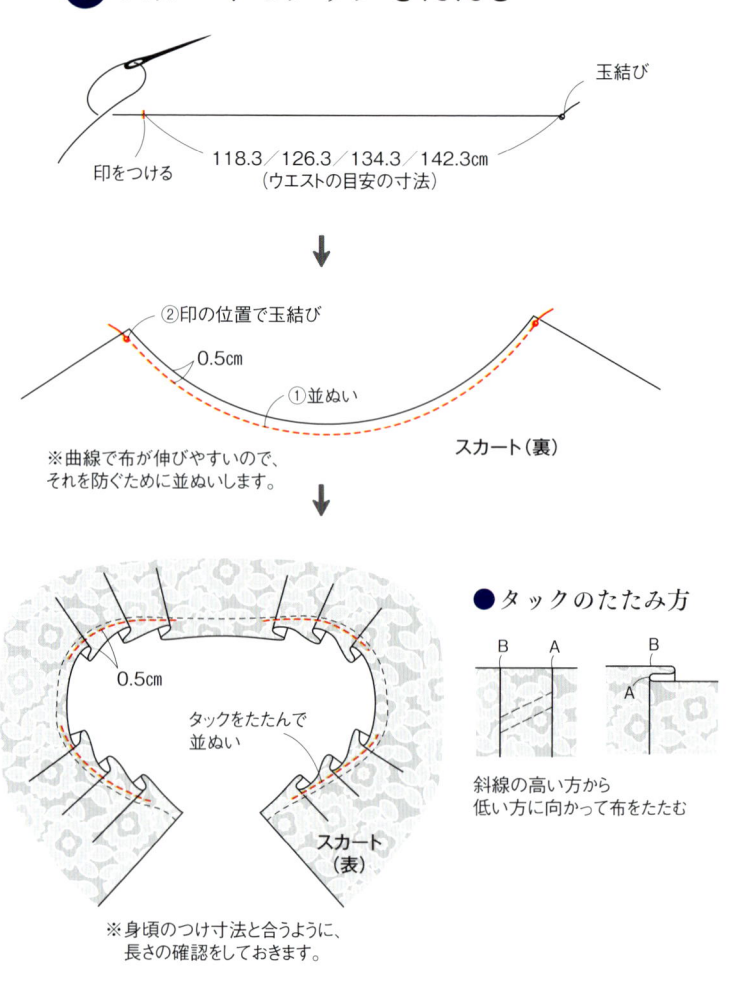

印をつける / 118.3／126.3／134.3／142.3cm (ウエストの目安の寸法) / 玉結び

②印の位置で玉結び / 0.5cm / ①並ぬい / スカート(裏)
※曲線で布が伸びやすいので、それを防ぐために並ぬいします。

0.5cm / タックをたたんで並ぬい / スカート(表)
※身頃のつけ寸法と合うように、長さの確認をしておきます。

●タックのたたみ方
B A / B A
斜線の高い方から低い方に向かって布をたたむ

❼ スカートの後ろ中心を袋ぬい

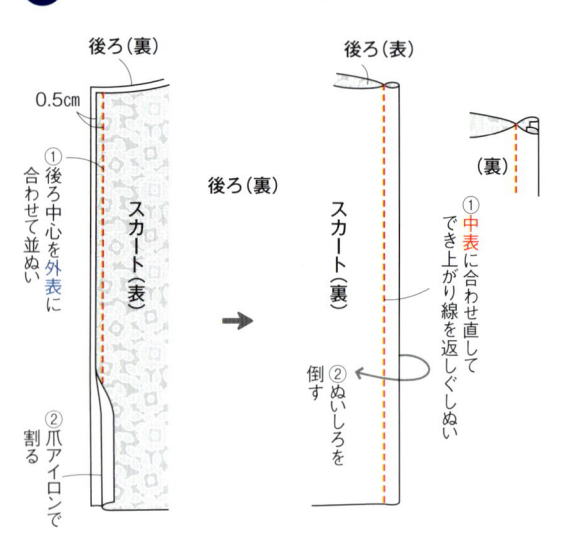

後ろ(裏) / 0.5cm / ①後ろ中心を外表に合わせて並ぬい / スカート(表) / ②割る爪アイロンで
後ろ(裏) / ①中表に合わせ直してでき上がり線を返しぐしぬい / スカート(裏) / ②ぬいしろを倒す

❽ 身頃とスカートをぬい合わせる

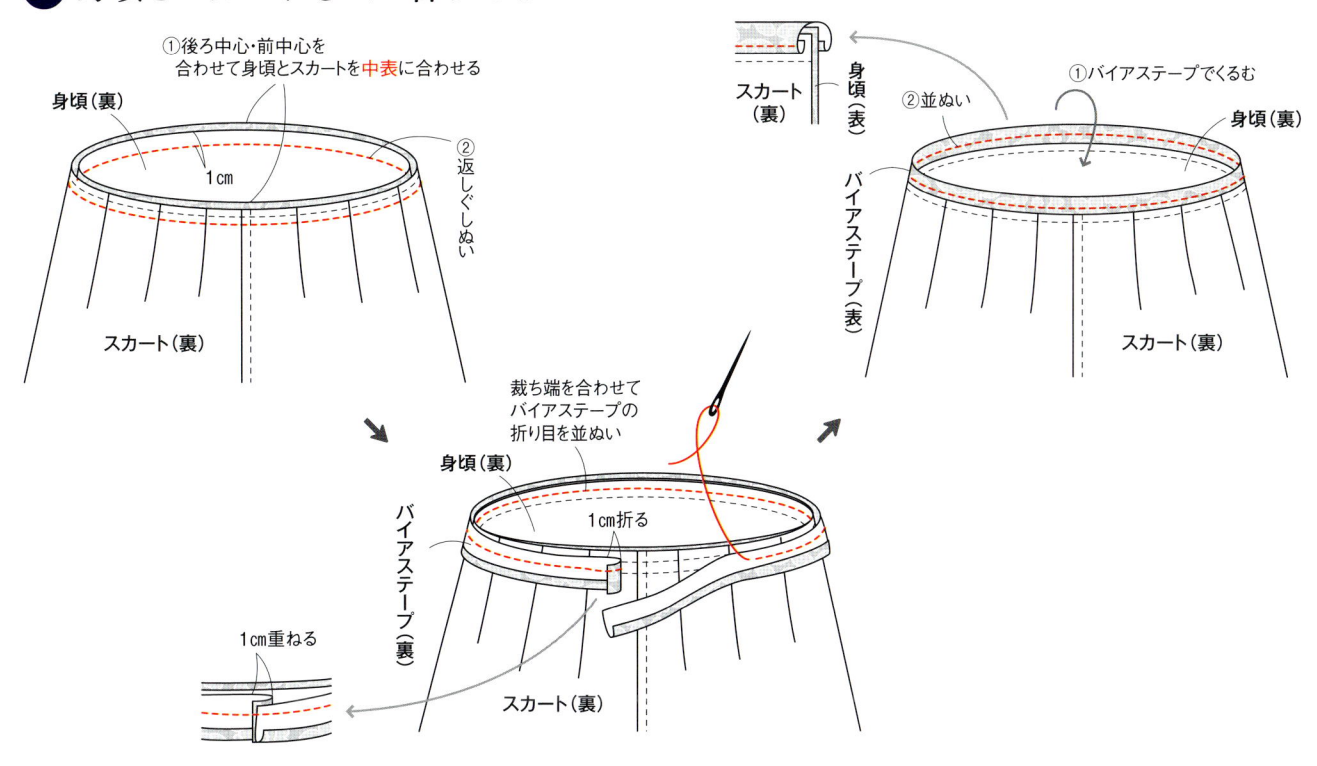

①後ろ中心・前中心を合わせて身頃とスカートを**中表**に合わせる

身頃(裏)
1cm
②返しぐしぬい
スカート(裏)

①バイアステープでくるむ
スカート(裏)
身頃(表)
②並ぬい
バイアステープ(表)
身頃(裏)
スカート(裏)

裁ち端を合わせてバイアステープの折り目を並ぬい
身頃(裏)
1cm折る
バイアステープ(裏)
スカート(裏)

1cm重ねる

❾ 裾を三つ折りして並ぬい

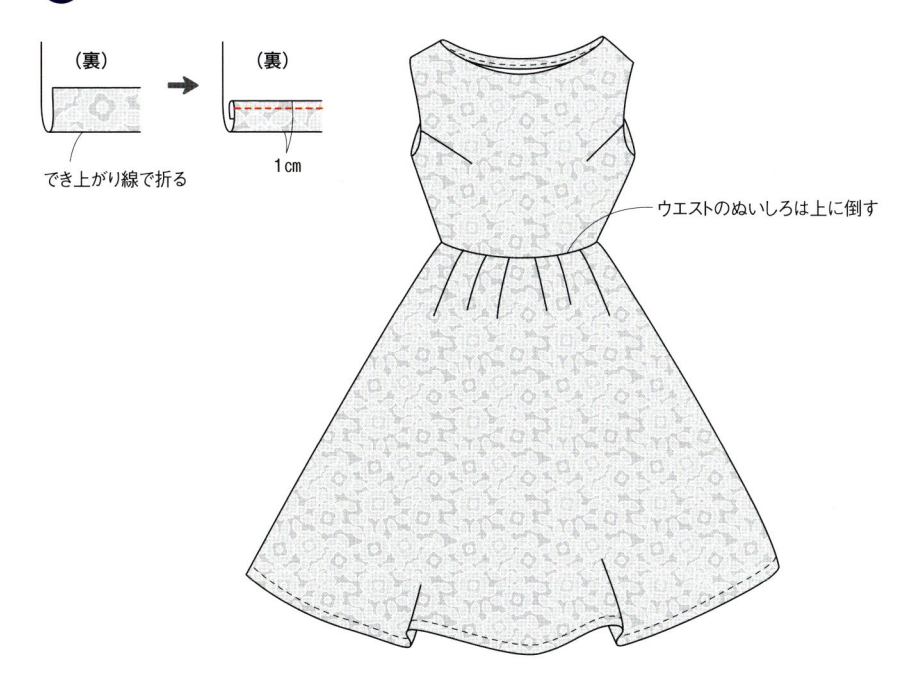

(裏) → (裏)
でき上がり線で折る
1cm

ウエストのぬいしろは上に倒す

{K} ボレロ Photo p.15

[材料]
綿ローン 110cm幅 ▶▶▶
S90cm／M90cm／L100cm／LL110cm

実物大型紙 C 面

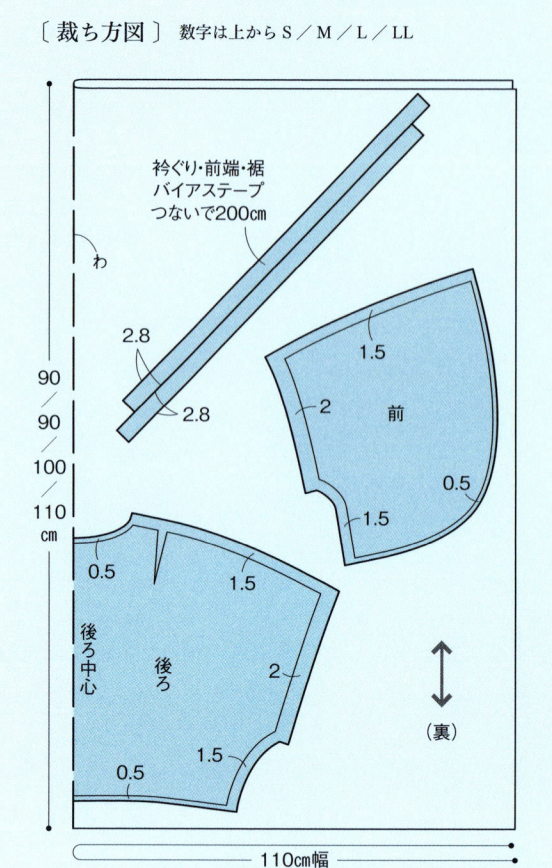

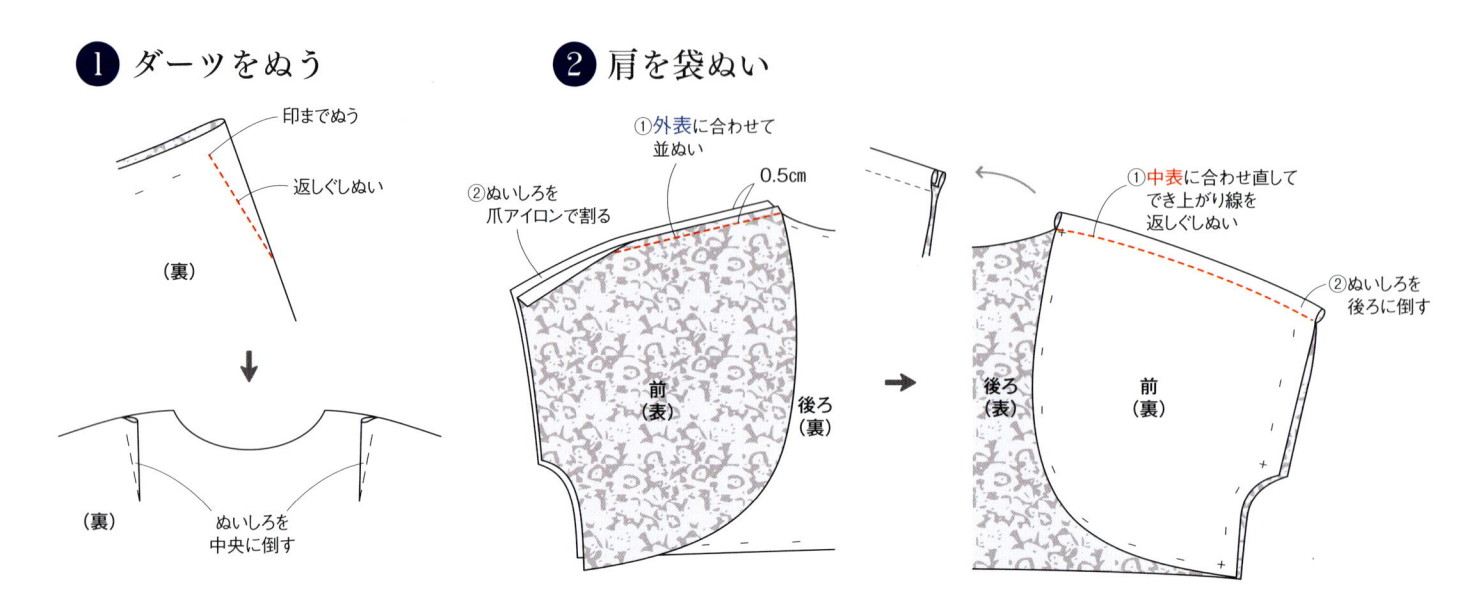

[裁ち方図] 数字は上からS／M／L／LL

衿ぐり・前端・裾
バイアステープ
つないで200cm

わ

2.8
2.8

前
1.5
2
0.5
1.5

90／90／100／110 cm

後ろ中心

後ろ
0.5
1.5
2
0.5
1.5

(裏)

110cm幅

How to make

① ダーツをぬう

印までぬう
返しぐしぬい
(裏)
↓
(裏)
ぬいしろを中央に倒す

② 肩を袋ぬい

①外表に合わせて並ぬい
0.5cm
②ぬいしろを爪アイロンで割る
前(表)
後ろ(裏)
→
①中表に合わせ直してでき上がり線を返しぐしぬい
②ぬいしろを後ろに倒す
後ろ(表)
前(裏)

③ 袖下、脇を袋ぬい

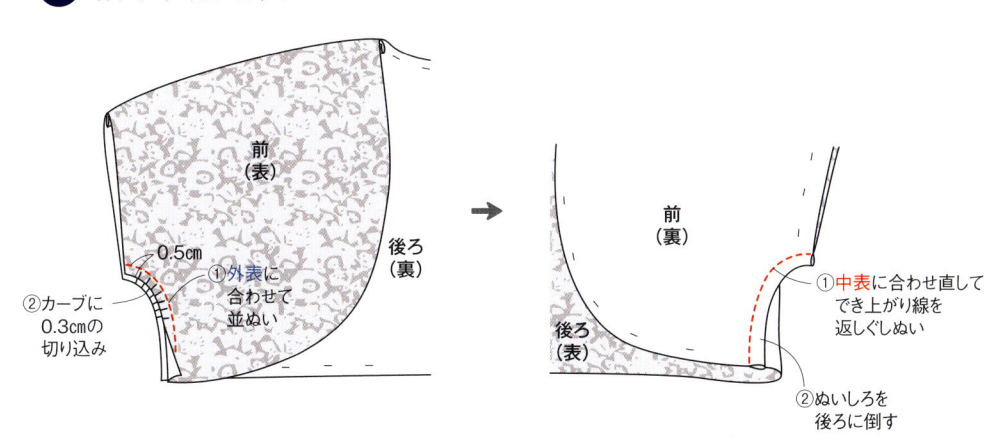

- ①外表に合わせて並ぬい
- 0.5cm
- ②カーブに0.3cmの切り込み
- 前(表) / 後ろ(裏)

- ①中表に合わせ直してでき上がり線を返しぬい
- ②ぬいしろを後ろに倒す
- 前(裏) / 後ろ(表)

④ 衿ぐり、前端、裾にバイアステープをつける

※バイアステープの作り方はp.31参照。

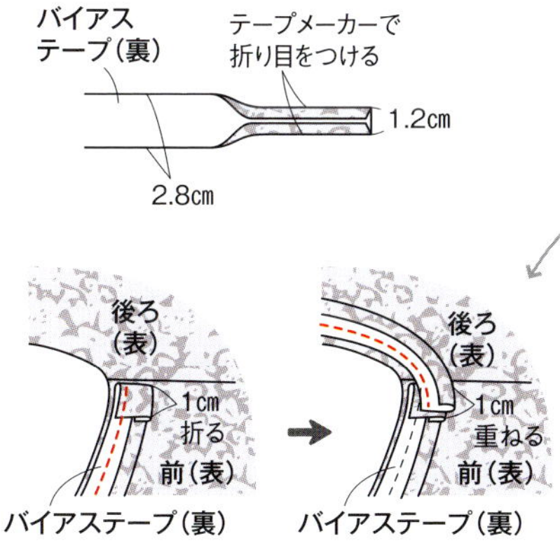

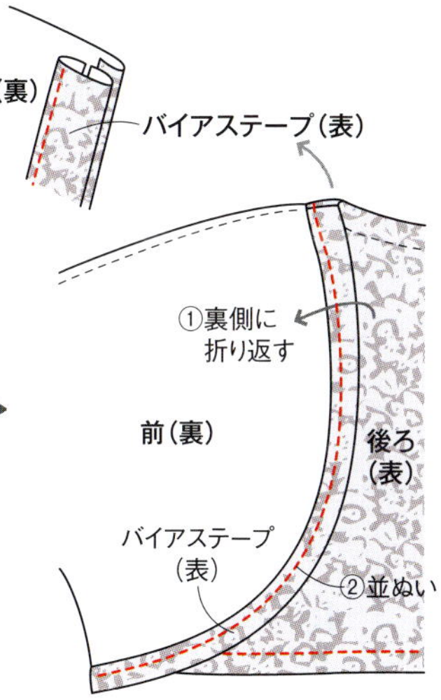

- バイアステープ(裏)
- テープメーカーで折り目をつける
- 1.2cm
- 2.8cm

- 1cm折る
- 1cm重ねる
- 後ろ(表) / 前(表) / バイアステープ(裏)

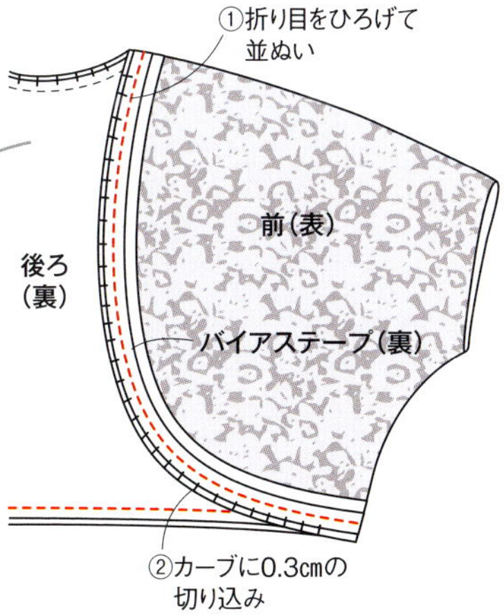

- ①折り目をひろげて並ぬい
- バイアステープ(裏)
- 前(表)
- 後ろ(裏)
- ②カーブに0.3cmの切り込み

- バイアステープ(裏)
- ①裏側に折り返す
- バイアステープ(表)
- ②並ぬい
- 前(裏) / 後ろ(表)

⑤ 袖口を三つ折りしてぬう

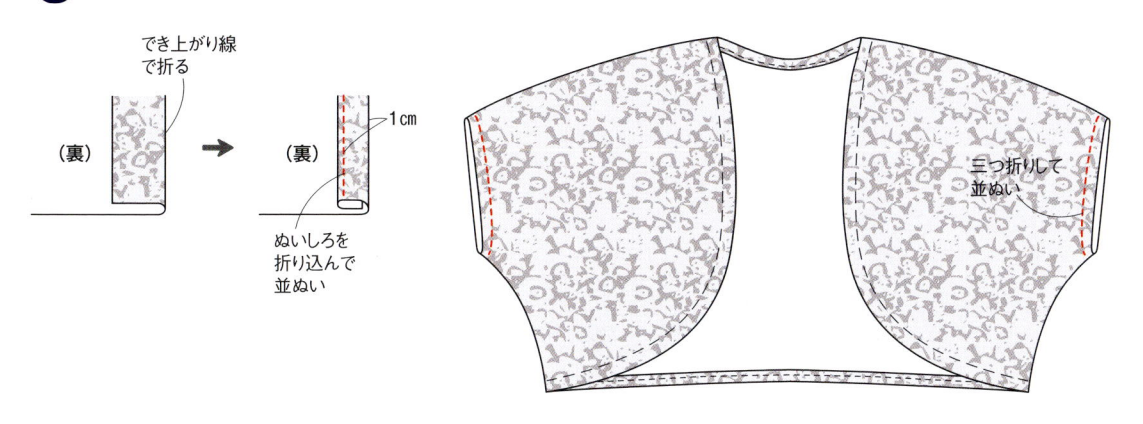

- でき上がり線で折る
- (裏)
- 1cm
- ぬいしろを折り込んで並ぬい
- 三つ折りして並ぬい

{L} ロールカラーワンピース Photo p.16
{M} ボーウつきブラウス Photo p.17

〔裁ち方図〕 数字は上からS／M／L／LL

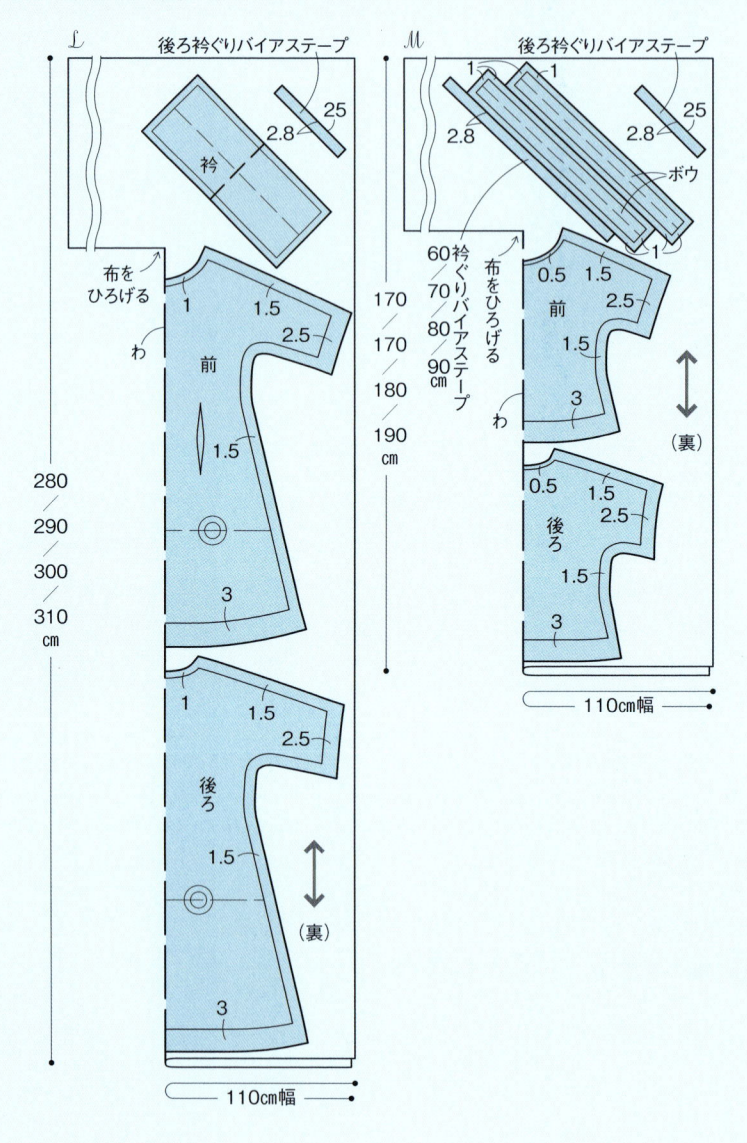

{L}
後ろ衿ぐりバイアステープ
25
2.8
衿
布をひろげる
1
1.5
2.5
前
わ
1.5
3
1
1.5
2.5
後ろ
1.5
(裏)
3
280／290／300／310cm
110cm幅

{M}
後ろ衿ぐりバイアステープ
1　1
2.8　2.8
25
2.8
ボウ
1
60
衿ぐりバイアステープ
70
80
90cm
布をひろげる
0.5　1.5
2.5
前
1.5
わ
3
(裏)
0.5　1.5
2.5
後ろ
1.5
3
170／170／180／190cm
110cm幅

〔材料〕

{L}
花柄スラブクロス 110cm幅 ▸▸▸
280／290／300／310cm
カギホック（小）▸▸▸2組
手ぬい糸 ▸▸▸No. 黒

{M}
綿ローン 110cm幅 ▸▸▸170／170／180／190cm
カギホック ▸▸▸1組
手ぬい糸 ▸▸▸No.9（ピンク）

実物大型紙C面

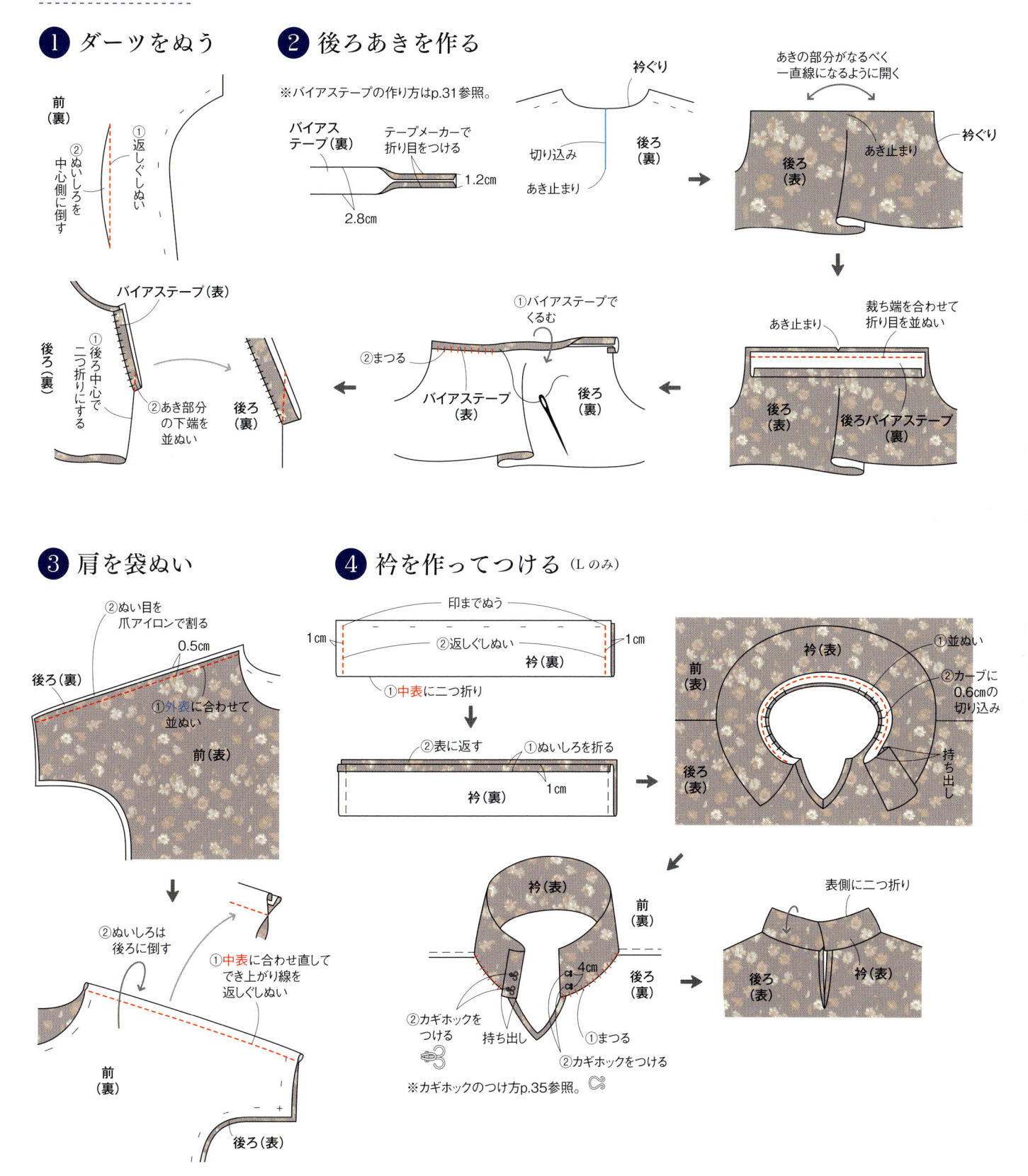

How to make

① ダーツをぬう

前(裏)
①返しぐしぬい
②ぬいしろを中心側に倒す

バイアステープ(表)
後ろ(裏)
①後ろ中心で二つ折りにする
②あき部分の下端を並ぬい

② 後ろあきを作る

※バイアステープの作り方はp.31参照。

バイアステープ(裏)
テープメーカーで折り目をつける
1.2cm
2.8cm

衿ぐり
切り込み
あき止まり
後ろ(裏)

あきの部分がなるべく一直線になるように開く
後ろ(表)
あき止まり
衿ぐり

裁ち端を合わせて折り目を並ぬい
あき止まり
後ろ(表)
後ろバイアステープ(裏)

①バイアステープでくるむ
②まつる
バイアステープ(表)
後ろ(裏)

③ 肩を袋ぬい

②ぬい目を爪アイロンで割る
0.5cm
後ろ(裏)
①外表に合わせて並ぬい
前(表)

②ぬいしろは後ろに倒す
①中表に合わせ直してでき上がり線を返しぐしぬい
前(裏)
後ろ(表)

④ 衿を作ってつける (Lのみ)

印までぬう
1cm
②返しぐしぬい
衿(裏)
1cm
①中表に二つ折り

②表に返す
①ぬいしろを折る
衿(裏)
1cm

前(表)
後ろ(表)
衿(表)
①並ぬい
②カーブに0.6cmの切り込み
持ち出し

衿(表)
前(裏)
後ろ(裏)
4cm
①まつる
②カギホックをつける
持ち出し
②カギホックをつける
※カギホックのつけ方p.35参照。

表側に二つ折り
後ろ(表)
衿(表)

❹ 衿ぐりにバイアステープをつける (Mのみ)

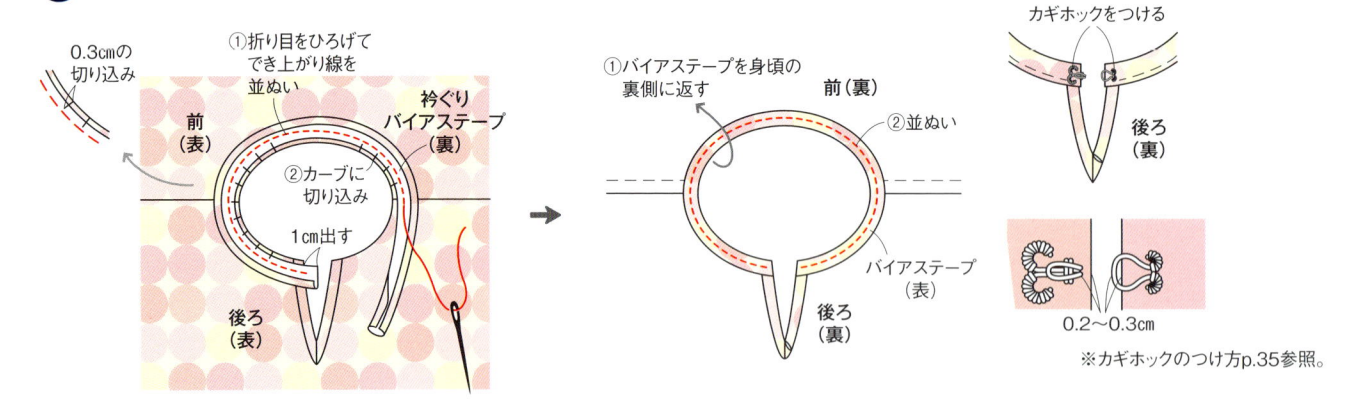

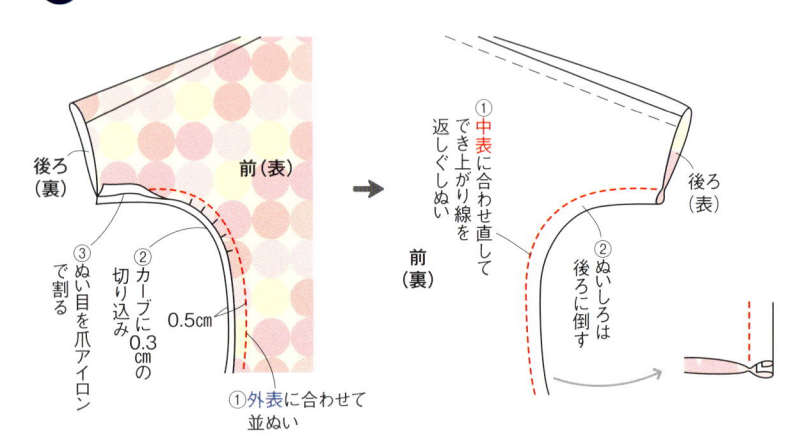

- 0.3cmの切り込み
- ①折り目をひろげてでき上がり線を並ぬい
- ②カーブに切り込み
- 1cm出す
- 前(表)
- 後ろ(表)
- 衿ぐりバイアステープ(裏)

→

- ①バイアステープを身頃の裏側に返す
- ②並ぬい
- 前(裏)
- 後ろ(裏)
- バイアステープ(表)

- カギホックをつける
- 後ろ(裏)
- 0.2〜0.3cm
- ※カギホックのつけ方p.35参照。

❺ 脇を袋ぬい

- 後ろ(裏)
- 前(表)
- ①外表に合わせて並ぬい
- ②カーブに0.3cmの切り込み
- ③ぬい目を爪アイロンで割る
- 0.5cm

→

- ①中表に合わせ直してでき上がり線を返しぐしぬい
- ②ぬいしろは後ろに倒す
- 前(裏)
- 後ろ(表)

❻ 袖口を三つ折りしてぬう

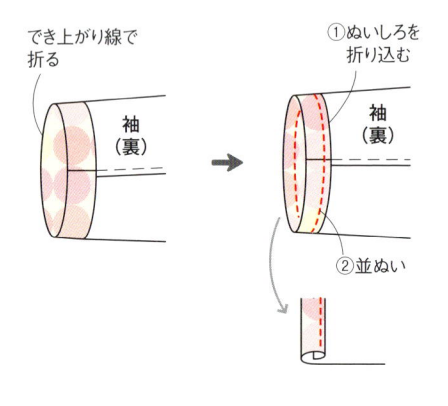

- でき上がり線で折る
- 袖(裏)

→

- ①ぬいしろを折り込む
- ②並ぬい
- 袖(裏)

❼ 裾を三つ折りしてぬう

- (裏)
- でき上がり線で折る

→

- ①ぬいしろを折り込む
- ②並ぬい
- (裏)
- 2cm

❽ ボウを作ってつける (Mのみ)

- 1cm折る
- ボウ(裏)
- 1cm折る
- 1cm折る
- 1cm折る

→

- ①外表に二つ折り
- ②並ぬい
- ボウ(表)
- 3cm

- ボウは肩にまつる
- M
- L

{0} コサージュ Photo p.19

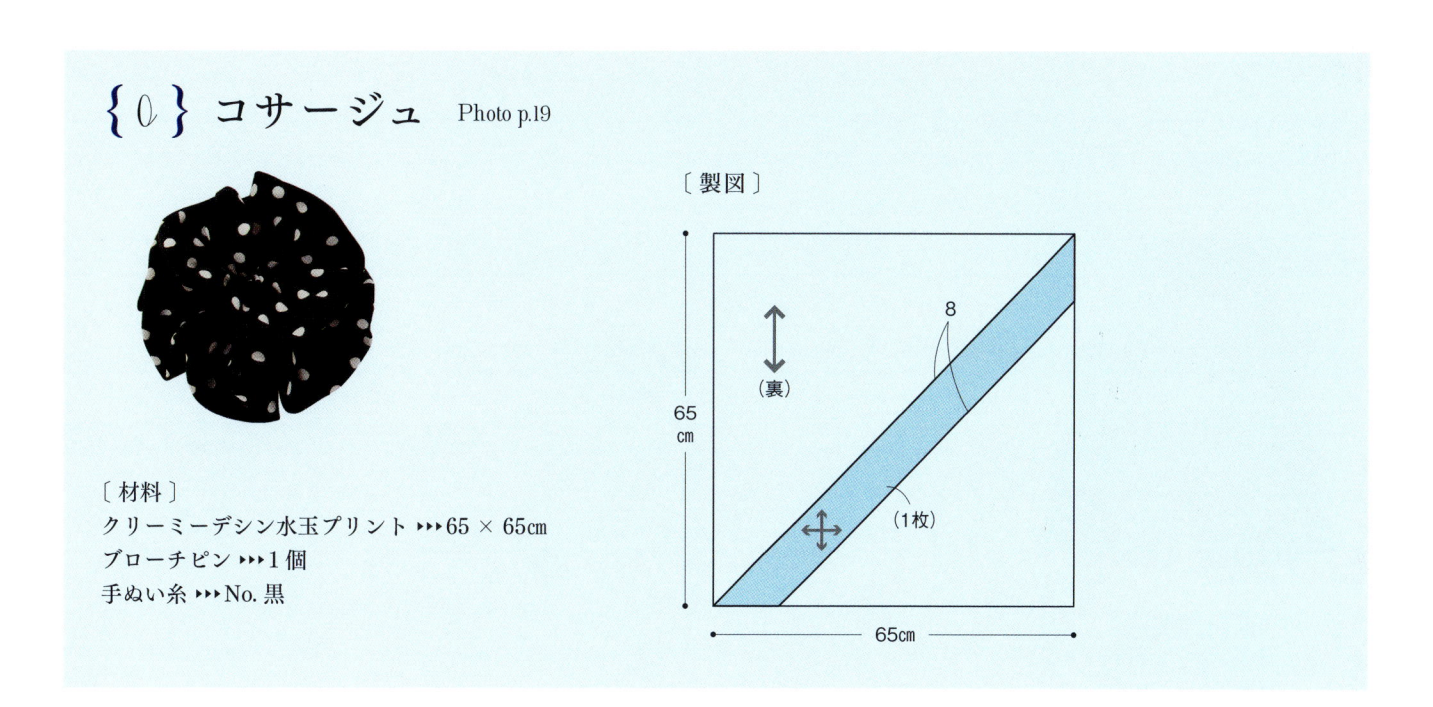

〔製図〕

〔材料〕
クリーミーデシン水玉プリント ▸▸▸ 65 × 65cm
ブローチピン ▸▸▸ 1個
手ぬい糸 ▸▸▸ No. 黒

How to make

① 外表に二つ折り
4cm
（裏）（表）（裏）
わ
② 谷折りに折る

カットする

0.5cm　並ぬい

10cmに縮めてとめる
☆

くるくる巻いて
ぬいとめる

① 裏側で☆印の端を折り込んでまつる
② ブローチピンをぬいとめる

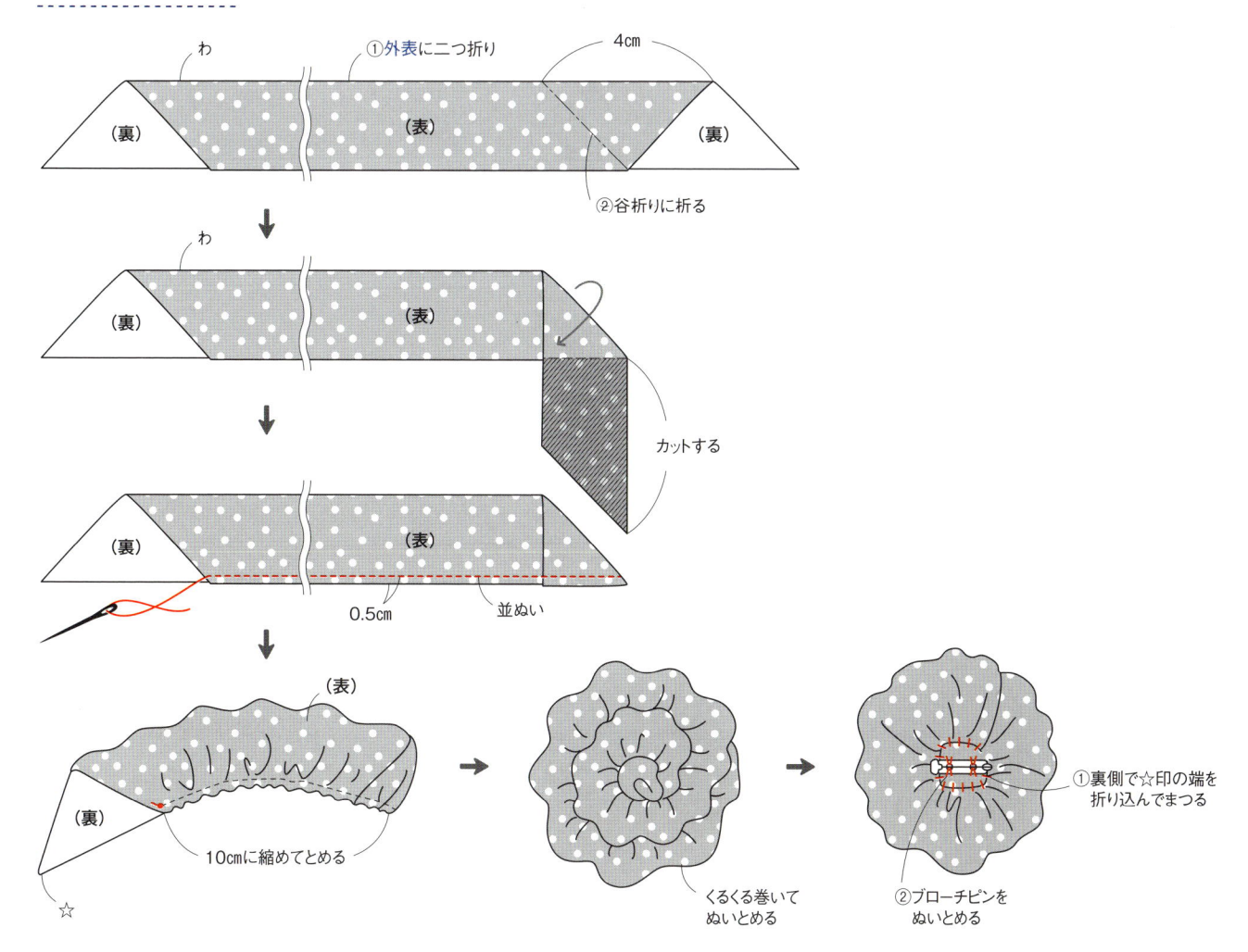

{N} パンツ Photo p.18
{O} キュロット Photo p.20

〔材料〕
{N}
クリミーデシン水玉プリント 110cm幅 ▶▶▶
S200cm／M210cm／L220cm／LL230cm
ゴムテープ 2cm幅 ▶▶▶
S60cm／M66cm／L72cm／LL78cm
手ぬい糸 ▶▶▶ No. 黒

{O}
先染ローンスパークチェック 110cm幅 ▶▶▶
S150cm／M160cm／L170cm／LL180cm
ゴムテープ 2cm幅 ▶▶▶
S60cm／M66cm／L72cm／LL78cm
手ぬい糸 ▶▶▶ No.205（青）

実物大型紙 C 面

〔裁ち方図〕 数字は上から S／M／L／LL

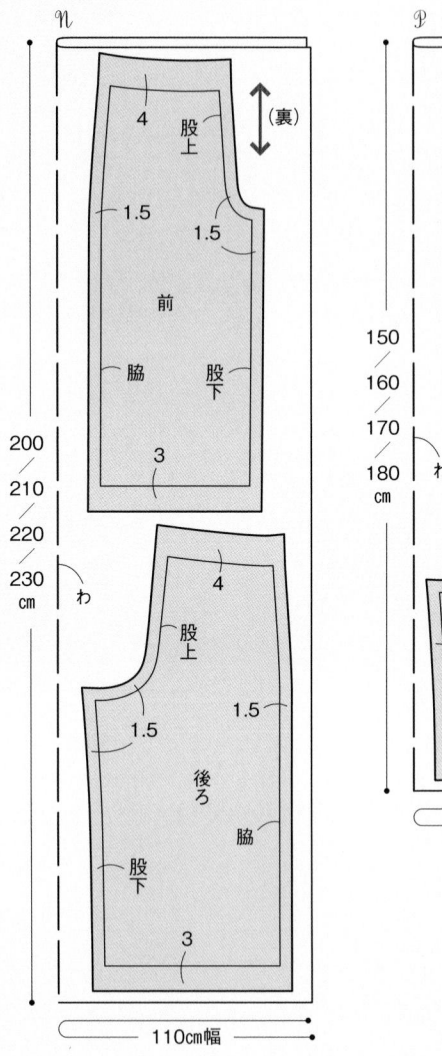

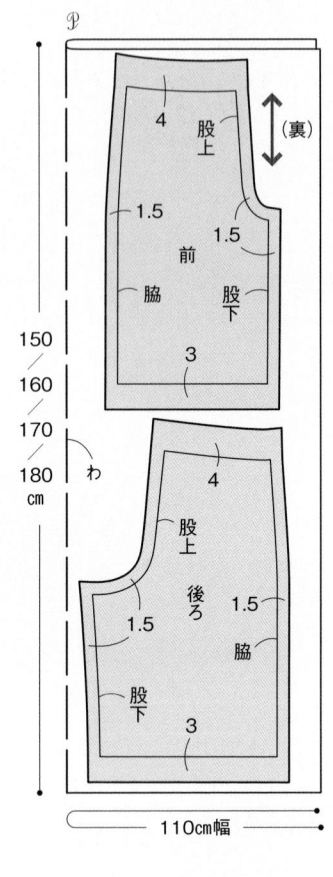

How to make

１ 前股上を折り伏せぬい

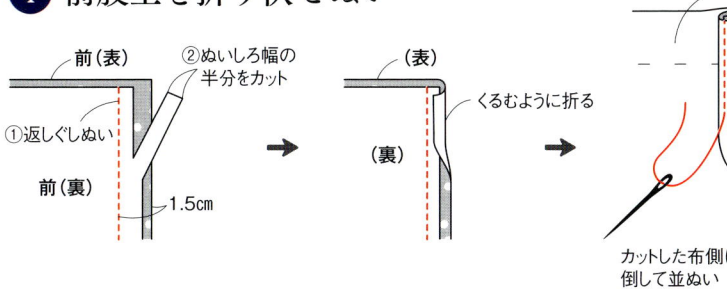

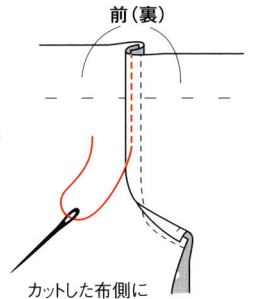

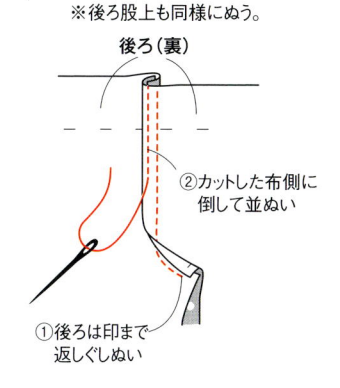

- 前（表）
- ①返しぐしぬい
- 前（裏）
- ②ぬいしろ幅の半分をカット
- 1.5cm
- （表）
- くるむように折る
- （裏）
- 前（裏）
- カットした布側に倒して並ぬい

※後ろ股上も同様にぬう。

- 後ろ（裏）
- ②カットした布側に倒して並ぬい
- ①後ろは印まで返しぐしぬい

２ 股下、脇を折り伏せぬい

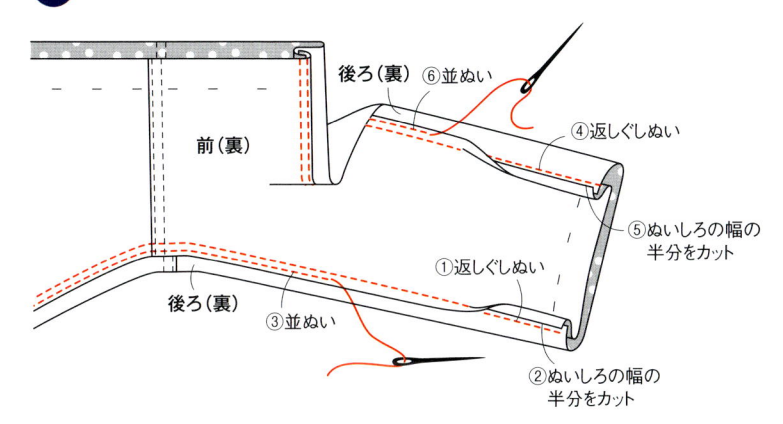

- 前（裏）
- 後ろ（裏）
- ⑥並ぬい
- ④返しぐしぬい
- ⑤ぬいしろの幅の半分をカット
- ①返しぐしぬい
- ③並ぬい
- ②ぬいしろの幅の半分をカット

３ ウエストを三つ折りしてぬう

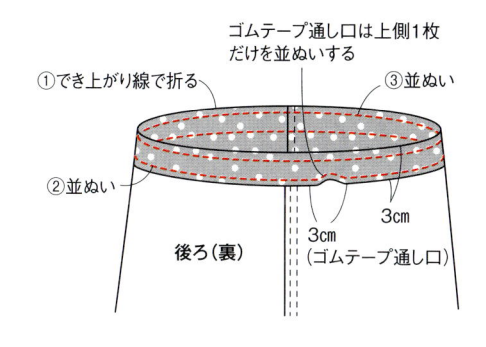

- ①でき上がり線で折る
- ゴムテープ通し口は上側1枚だけを並ぬいする
- ③並ぬい
- ②並ぬい
- 後ろ（裏）
- 3cm
- 3cm（ゴムテープ通し口）

４ 裾を三つ折りしてぬう

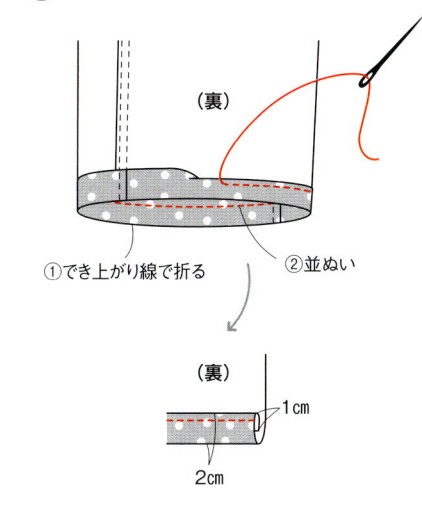

- （裏）
- ①でき上がり線で折る
- ②並ぬい
- （裏）
- 1cm
- 2cm

５ ゴムテープを通す

通し口から長さ60／66／72／78cmのゴムテープを通す（でき上がりの長さ58／64／70／76cm）

- （裏）
- ゴムテープ
- 両端を2cm重ねて半返しぬい

{Q} Vネックチュニック Photo p.21

[材料]
綿ローン 110cm幅 ▸▸▸
S280cm／M280cm／L290cm／LL290cm
ゴムテープ 0.5cm幅 ▸▸▸
S29cm／M32cm／L35cm／LL38cm
手ぬい糸 ▸▸▸ No.168（グレー）

実物大型紙 D面

〔裁ち方図〕 数字は上からS／M／L／LL

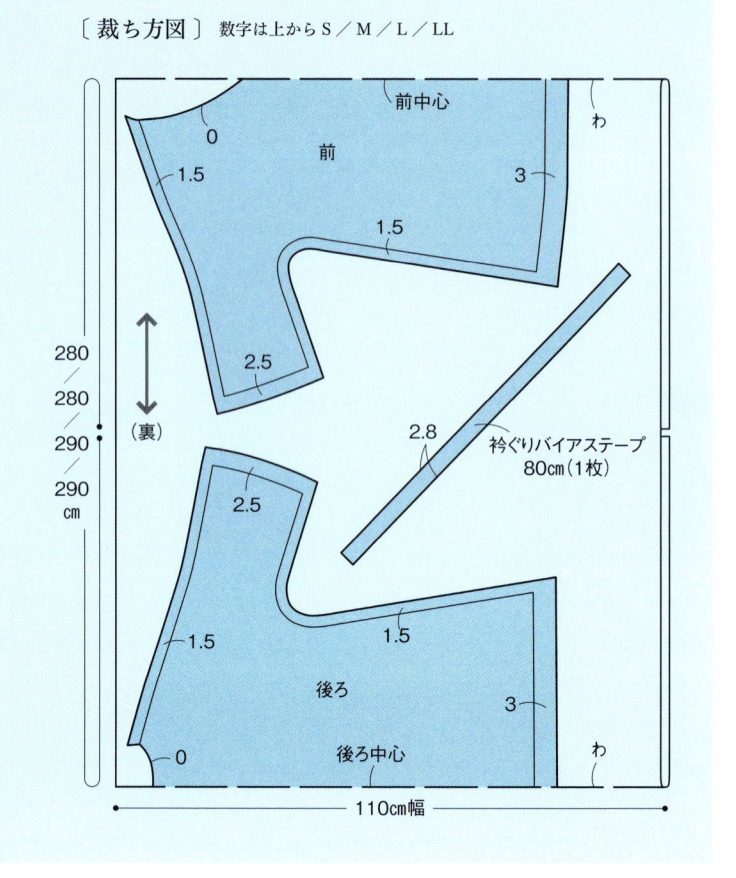

前中心・わ・前・0・1.5・1.5・3・2.5・(裏)・280／280／290／290 cm
衿ぐりバイアステープ 80cm(1枚)・2.8
後ろ・後ろ中心・わ・0・1.5・1.5・2.5・3
110cm幅

How to make

① 肩を袋ぬい

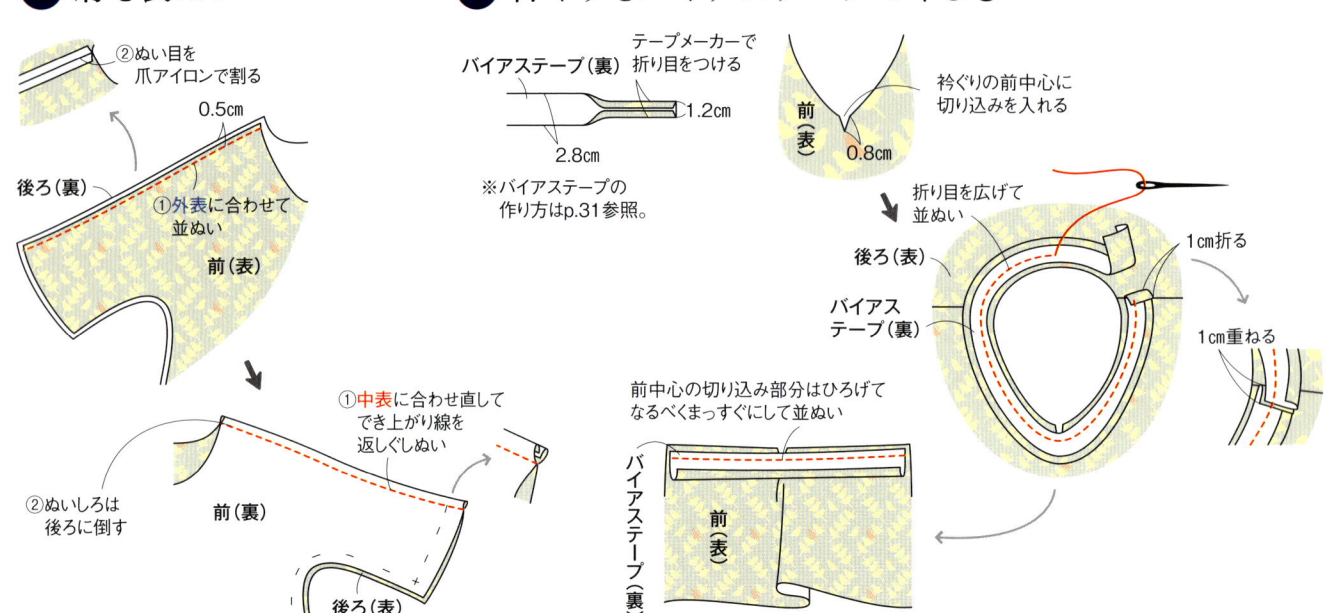

②ぬい目を爪アイロンで割る
0.5cm
後ろ(裏)
①外表に合わせて並ぬい
前(表)
②ぬいしろは後ろに倒す
前(裏)
①中表に合わせ直してでき上がり線を返しぐしぬい
後ろ(表)

② 衿ぐりをバイアステープでくるむ

バイアステープ(裏)
テープメーカーで折り目をつける
1.2cm
2.8cm
※バイアステープの作り方はp.31参照。

前(表)
衿ぐりの前中心に切り込みを入れる
0.8cm

折り目を広げて並ぬい
後ろ(表)
バイアステープ(裏)
1cm折る
1cm重ねる

前中心の切り込み部分はひろげてなるべくまっすぐにして並ぬい
バイアステープ(裏)
前(表)

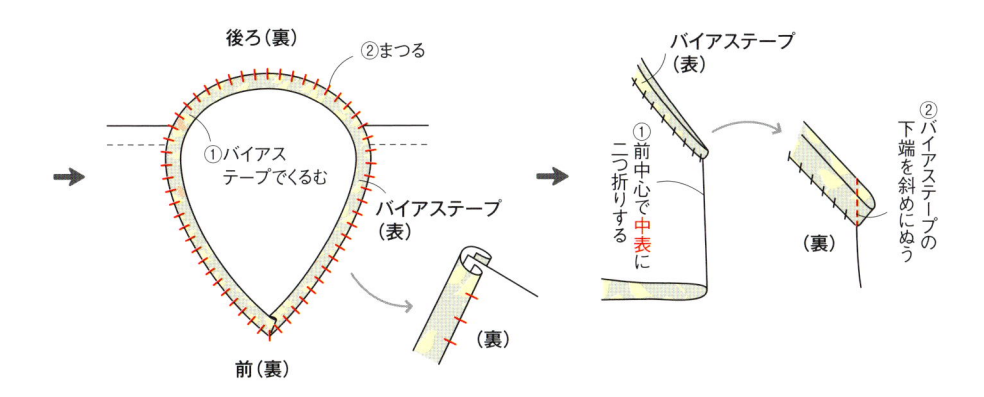

後ろ(裏) ②まつる
①バイアス テープでくるむ
バイアステープ(表)
前(裏)
(裏)

バイアステープ(表)
①前中心で中表に二つ折りする
②バイアステープの下端を斜めにぬう
(裏)

❸ 脇を袋ぬい

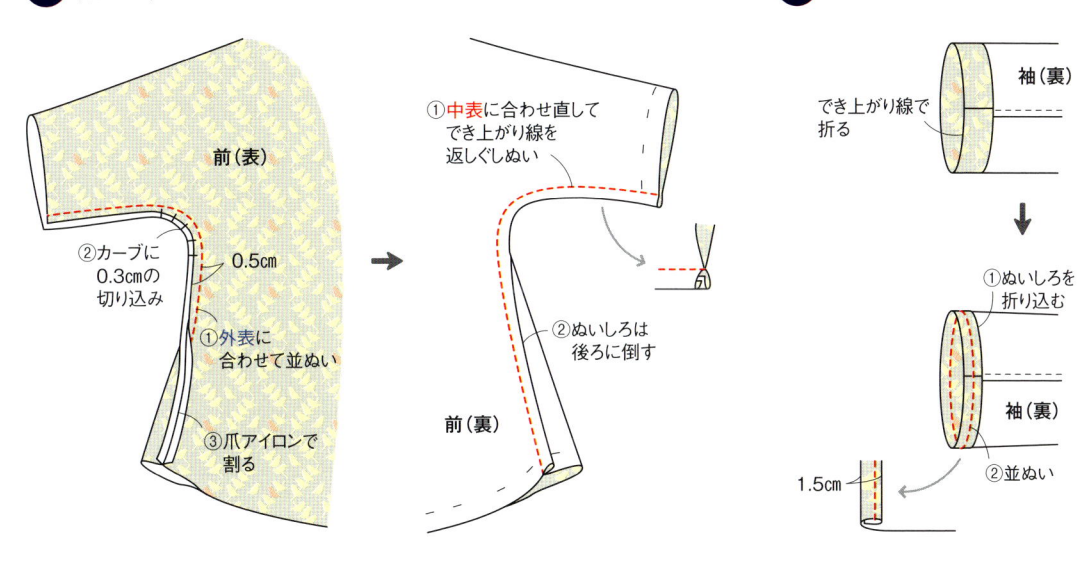

前(表)
②カーブに0.3cmの切り込み
0.5cm
①外表に合わせて並ぬい
③爪アイロンで割る

①中表に合わせ直してでき上がり線を返しぐしぬい
②ぬいしろは後ろに倒す
前(裏)

❹ 袖口を三つ折りしてぬう

袖(裏)
でき上がり線で折る

①ぬいしろを折り込む
袖(裏)
②並ぬい
1.5cm

❺ 裾を三つ折りして並ぬい

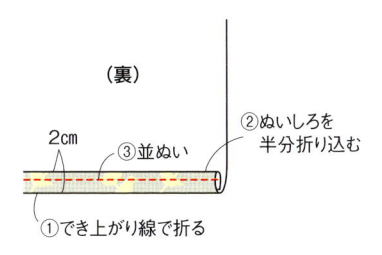

(裏)
2cm
①でき上がり線で折る
②ぬいしろを半分折り込む
③並ぬい

❻ ゴムテープをつける

①ゴムテープつけ位置の中心にゴムテープの中心を合わせてまち針を打つ
ゴムテープつけ止まり
②1cm折る (裏) ②1cm折る
③両端にまち針を打つ
ゴムテープ 12.5／14／15.5／17cm
(ゴムテープ寸法 14.5／16／17.5／19cm)

(裏)
ゴムテープつけ位置の印に合わせてゴムテープを伸ばしながら並ぬい

55

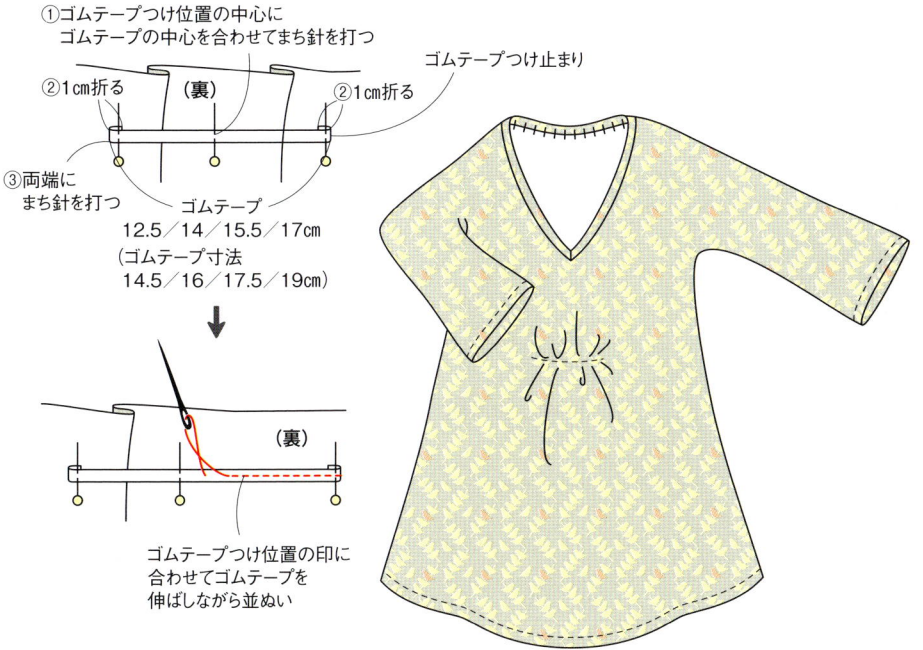

{R} ラウンドネックチュニック Photo p.22

Front

Back

〔裁ち方図〕
数字は上からS／M／L／LL

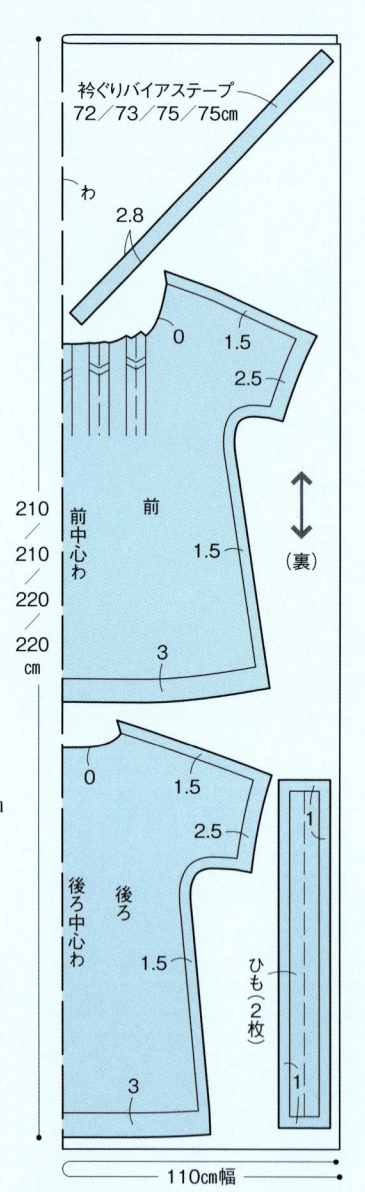

衿ぐりバイアステープ
72／73／75／75cm

2.8

わ

0 1.5
2.5

前
前中心わ

210／210／220／220cm

1.5
(裏)

3

0 1.5
2.5

後ろ
後ろ中心わ

1.5

3

ひも (2枚)
1
1

110cm幅

〔材料〕
先染綿麻ムラ糸シャンブレー
110cm幅 ▶▶▶ 210／210／220／220cm
手ぬいステッチ糸（MOCO）▶▶▶
No.52（緑）
手ぬい糸 ▶▶▶
No.276（ベージュ）

実物大型紙 D面

How to make

1 タックをぬう

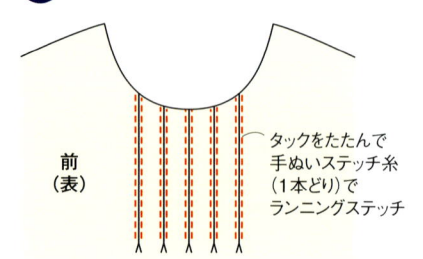

前
(表)

タックをたたんで
手ぬいステッチ糸
（1本どり）で
ランニングステッチ

● タックのたたみ方

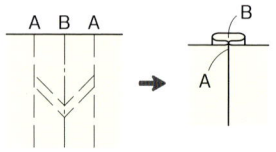

A B A → B
         A

斜線の高い方から低い方に
向かって布をたたむ

● ランニングステッチ

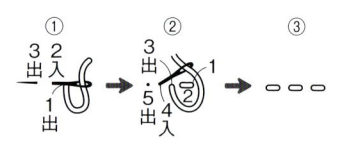

① 3 2   ② 3   ③
  出 入   出 1
  1   5 4   ─ ─ ─
  出   出 入

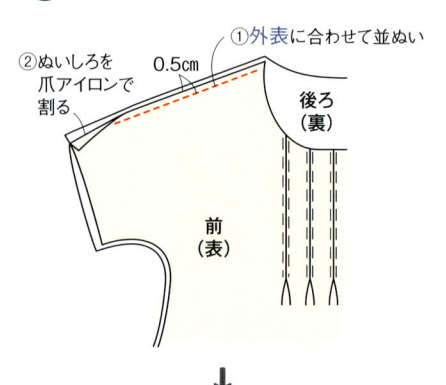

2 肩を袋ぬい

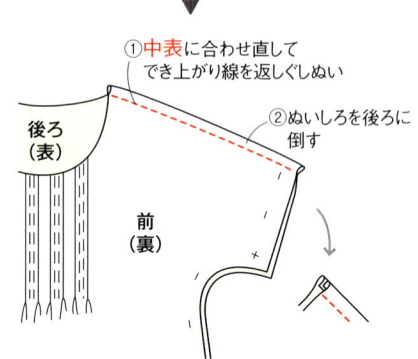

②ぬいしろを
爪アイロンで
割る

①外表に合わせて並ぬい
0.5cm

後ろ
(裏)

前
(表)

↓

①中表に合わせ直して
でき上がり線を返しぐしぬい

②ぬいしろを後ろに
倒す

後ろ
(表)

前
(裏)

❸ 衿ぐりをバイアステープでくるむ

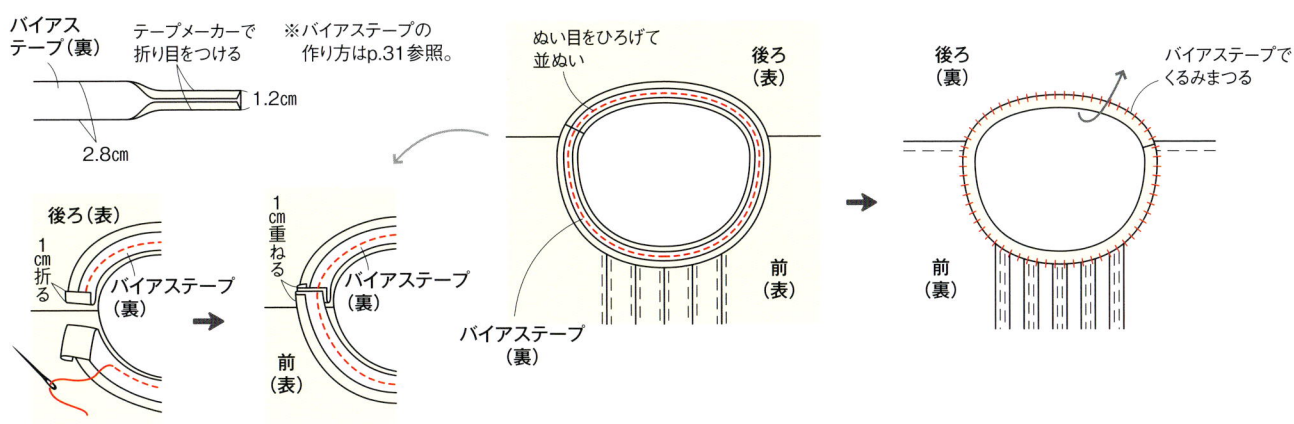

- バイアステープ（裏）
- テープメーカーで折り目をつける
- 1.2cm
- 2.8cm
- ※バイアステープの作り方はp.31参照。

- 後ろ（表）
- 1cm折る
- バイアステープ（裏）
- 1cm重ねる
- バイアステープ（裏）
- 前（表）

- ぬい目をひろげて並ぬい
- 後ろ（表）
- 前（表）
- バイアステープ（裏）

- 後ろ（裏）
- 前（裏）
- バイアステープでくるみまつる

❹ ひもを作る

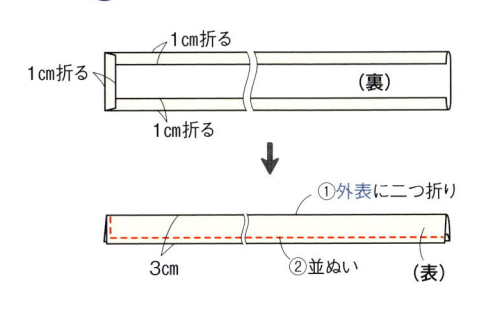

- 1cm折る
- 1cm折る
- 1cm折る
- （裏）
- ①外表に二つ折り
- 3cm
- ②並ぬい
- （表）

❺ 脇を袋ぬい

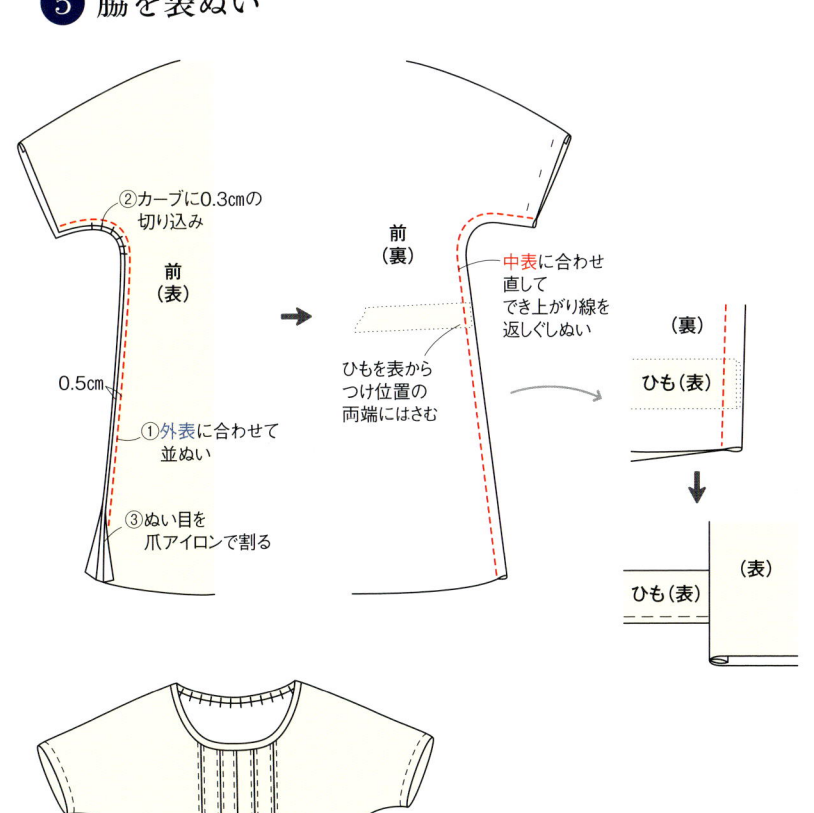

- ②カーブに0.3cmの切り込み
- 前（表）
- 0.5cm
- ①外表に合わせて並ぬい
- ③ぬい目を爪アイロンで割る

- 前（裏）
- 中表に合わせ直してでき上がり線を返しぐしぬい
- ひもを表からつけ位置の両端にはさむ

- （裏）
- ひも（表）
- （表）
- ひも（表）

❻ 袖口をぬう

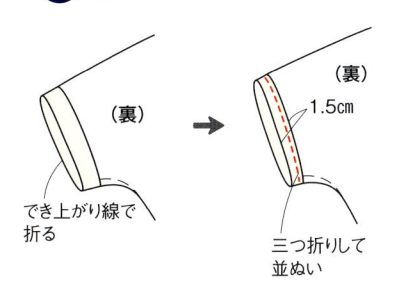

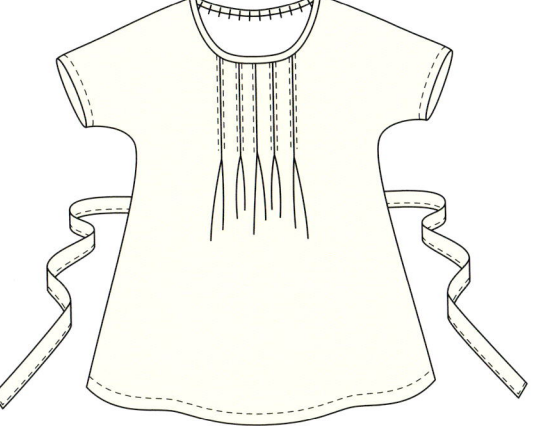

- （裏）
- でき上がり線で折る
- （裏）
- 1.5cm
- 三つ折りして並ぬい

❼ 裾をぬう

- （裏）
- でき上がり線で折る
- （裏）
- 2cm
- 三つ折りして並ぬい

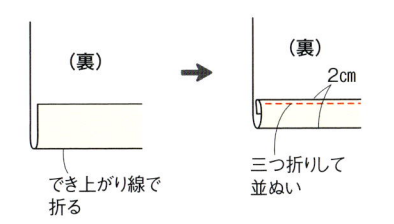

{S} ロングカーディガン Photo p.23

〔裁ち方図〕 数字は上から S／M／L／LL

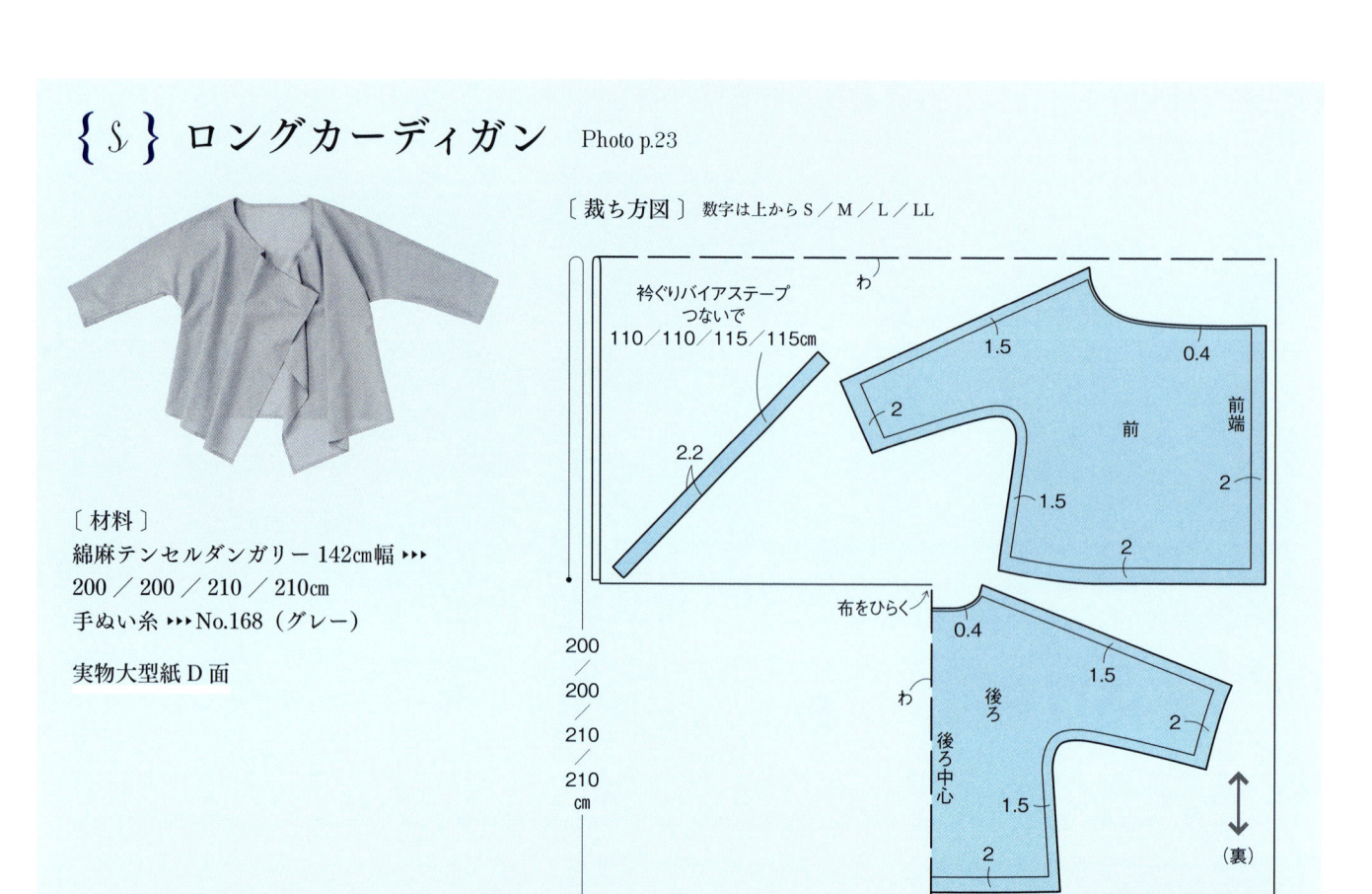

衿ぐりバイアステープ
つないで
110／110／115／115cm

2.2

200／200／210／210cm

布をひらく

142cm幅

前：1.5／0.4／2／1.5／2／前端／2
後ろ：0.4／1.5／2／1.5／2／後ろ中心

〔材料〕
綿麻テンセルダンガリー 142cm幅 ▸▸▸
200／200／210／210cm
手ぬい糸 ▸▸▸ No.168（グレー）

実物大型紙 D面

How to make

① 肩を袋ぬい

①外表に合わせて並ぬい
0.5cm
②ぬい目を爪アイロンで割る
前(表)／後ろ(裏)

→

①中表に合わせ直してでき上がり線を返しぐしぬい
②ぬいしろは後ろに倒す
前(裏)／後ろ(表)

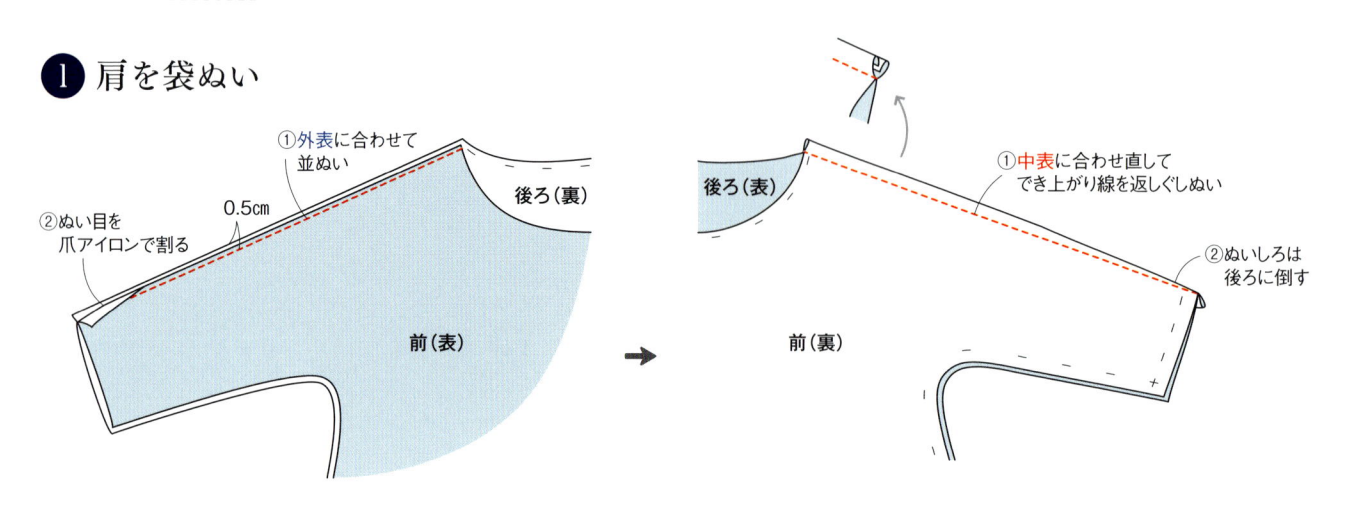

❷ 衿ぐりにバイアステープをつける

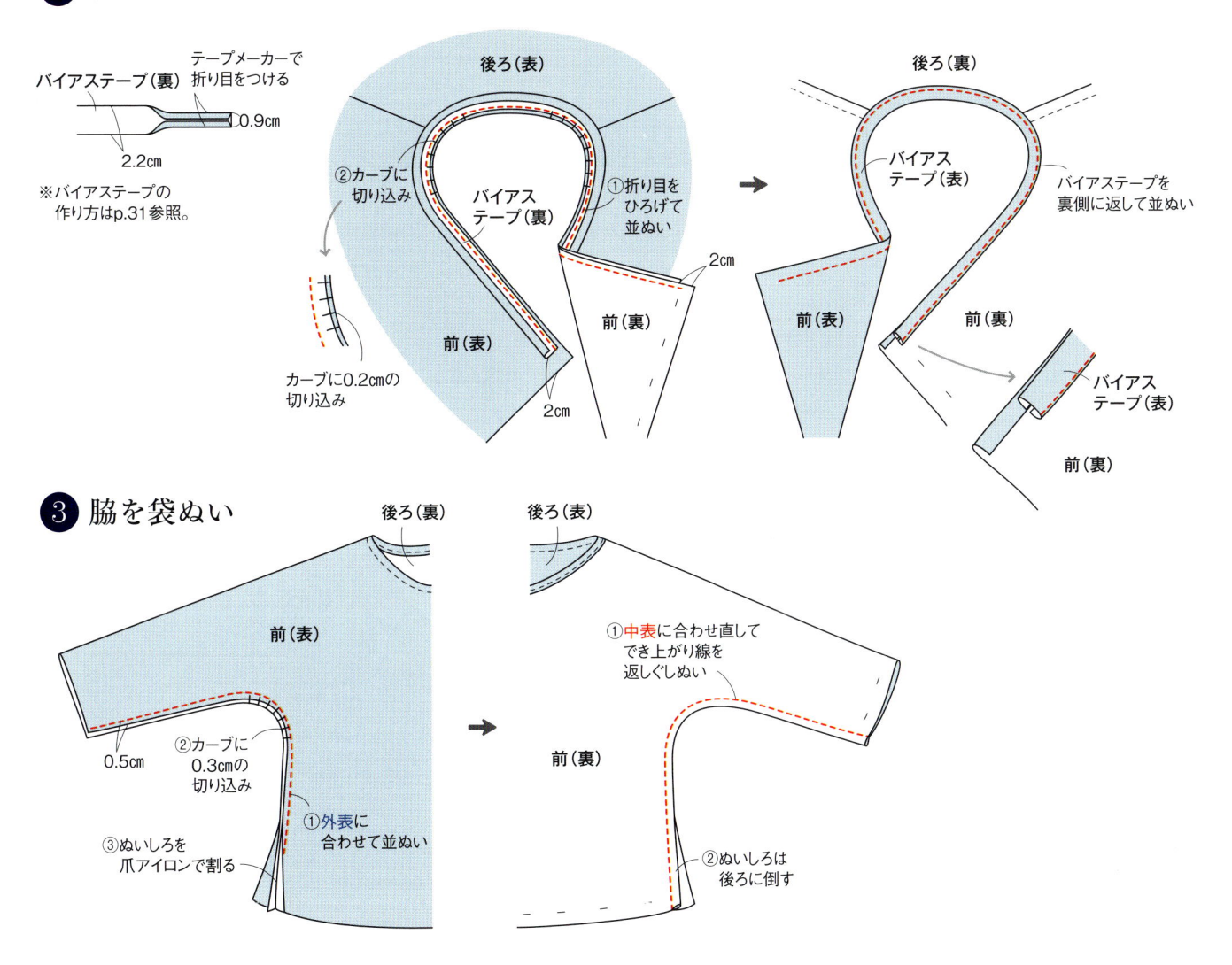

バイアステープ（裏）
テープメーカーで折り目をつける
0.9cm
2.2cm
※バイアステープの作り方はp.31参照。

後ろ（表）
②カーブに切り込み
バイアステープ（裏）
①折り目をひろげて並ぬい
前（表）
2cm
2cm
カーブに0.2cmの切り込み

後ろ（裏）
バイアステープ（表）
バイアステープを裏側に返して並ぬい
前（表）
前（裏）
バイアステープ（表）
前（裏）

❸ 脇を袋ぬい

後ろ（裏）
前（表）
0.5cm
②カーブに0.3cmの切り込み
①外表に合わせて並ぬい
③ぬいしろを爪アイロンで割る

後ろ（表）
①中表に合わせ直してでき上がり線を返しぐしぬい
前（裏）
②ぬいしろは後ろに倒す

❹ 袖口、前端、裾を三つ折りしてぬう

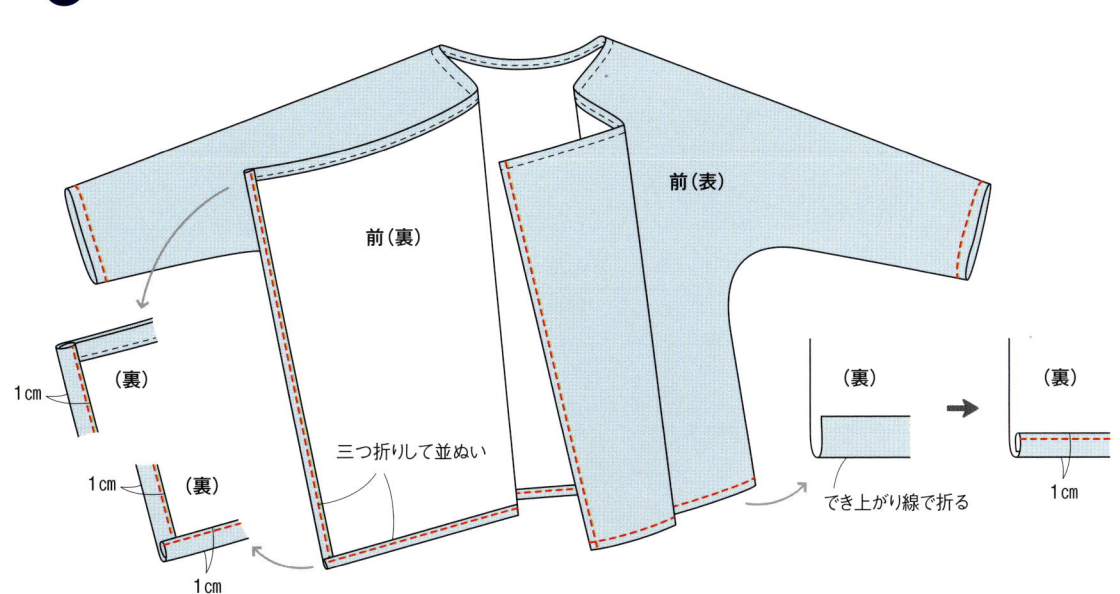

前（表）
前（裏）
1cm
（裏）
1cm
（裏）
1cm
三つ折りして並ぬい

（裏）
でき上がり線で折る
（裏）
1cm

{T} ポンチョブラウス Photo p.24

〔材料〕
クリーミーデシン水玉プリント 110cm幅 ▸▸▸ 250cm
レース（衿ぐり用）3.5cm幅 ▸▸▸ 96cm
レース（袖口用）1.5cm幅 ▸▸▸ 152cm
ゴムテープ 0.4cm幅 ▸▸▸ 75cm
手ぬい糸 ▸▸▸ No.240（ブロンズ）

実物大型紙 D面

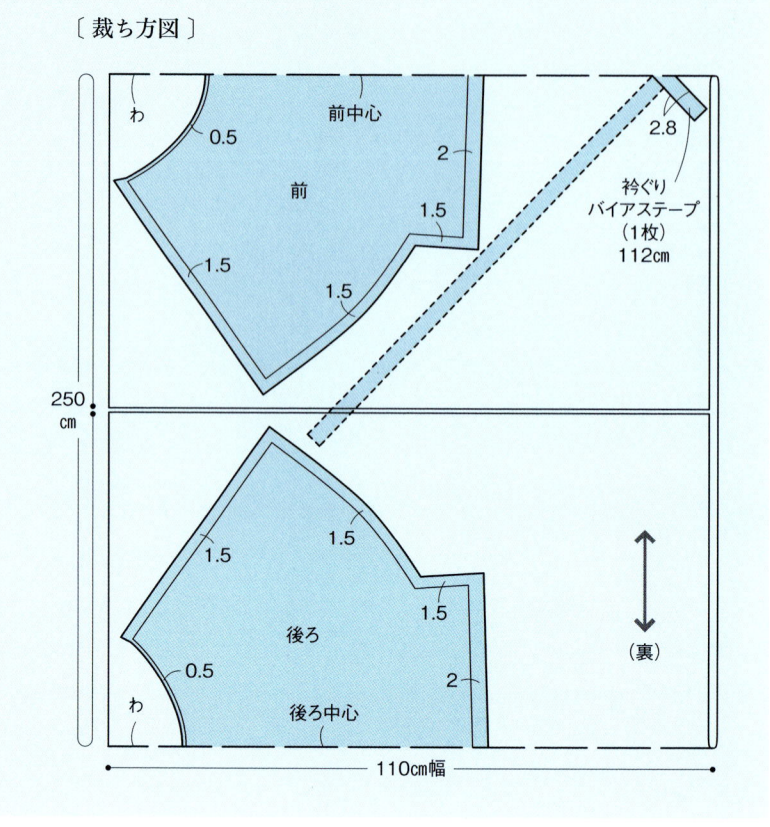

〔裁ち方図〕

How to make

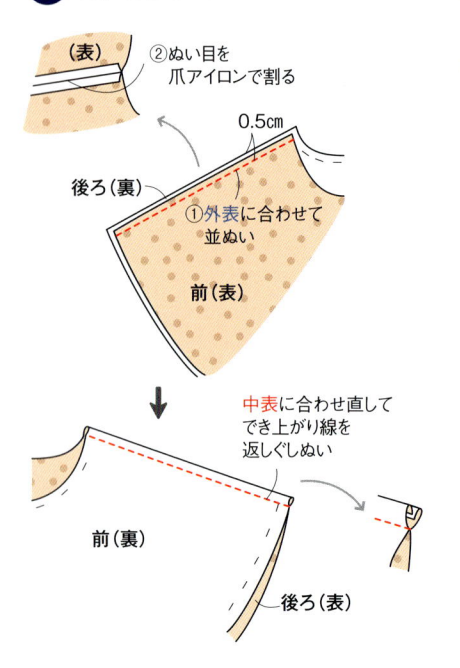

1 肩を袋ぬい

①外表に合わせて並ぬい
②ぬい目を爪アイロンで割る

中表に合わせ直してでき上がり線を返しぐしぬい

2 衿ぐりにバイアステープをつける

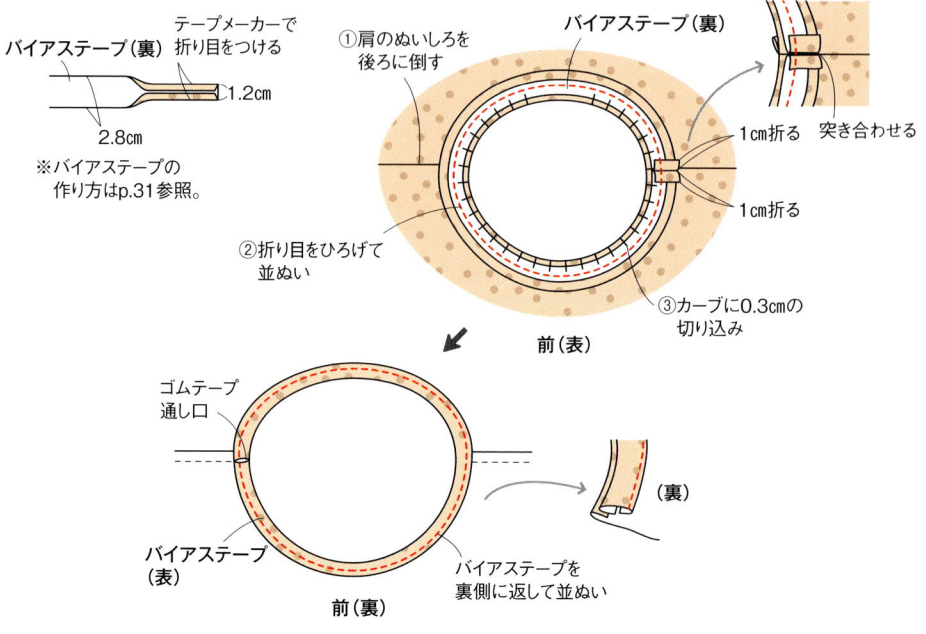

テープメーカーで折り目をつける
※バイアステープの作り方はp.31参照。

①肩のぬいしろを後ろに倒す
②折り目をひろげて並ぬい
③カーブに0.3cmの切り込み
1cm折る
突き合わせる

ゴムテープ通し口
バイアステープを裏側に返して並ぬい

③ 脇を割り伏せぬい

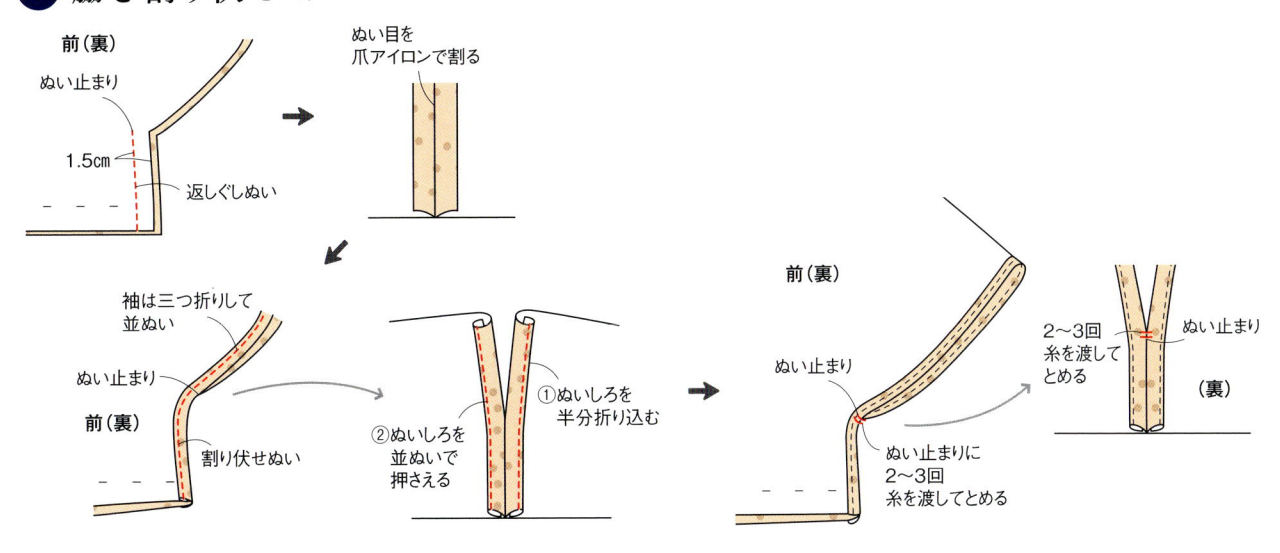

前(裏)
ぬい止まり
1.5cm
返しぐしぬい

ぬい目を爪アイロンで割る

袖は三つ折りして並ぬい
ぬい止まり
前(裏)
割り伏せぬい

②ぬいしろを並ぬいで押さえる
①ぬいしろを半分折り込む

前(裏)
ぬい止まり
ぬい止まりに2〜3回糸を渡してとめる

2〜3回糸を渡してとめる
ぬい止まり
(裏)

④ 裾をぬう

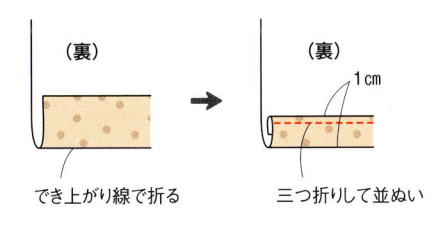

(裏)
でき上がり線で折る

(裏)
1cm
三つ折りして並ぬい

⑤ 衿ぐりにレースをつける

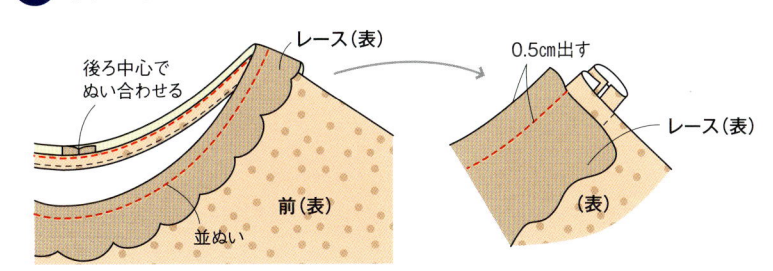

後ろ中心でぬい合わせる
レース(表)
前(表)
並ぬい

0.5cm出す
レース(表)
(表)

⑥ 袖口にレースをつける

前(表)
レース(表)
ぬい止まりまで並ぬい
レースを1cm出す
(表)
0.2cm重ねる
レース(表)

前(裏)
レース端を裏側に引き出して、斜めに半返しぬい
レース(裏)

前(裏)
レース(裏)
0.5cmにカット

前(裏)
②並ぬいで押さえる
①ぬいしろを割る

⑦ 衿ぐりにゴムテープを通す

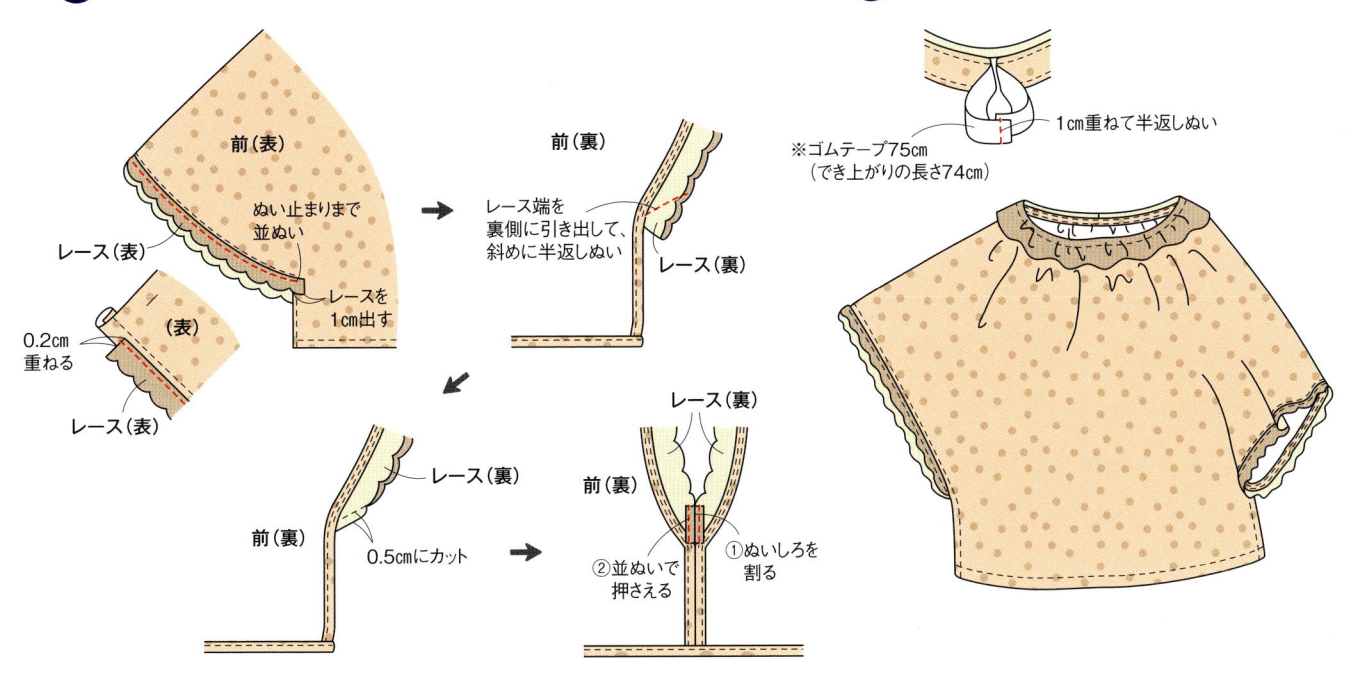

1cm重ねて半返しぬい
※ゴムテープ75cm
(でき上がりの長さ74cm)

61

{u} サブリナパンツ Photo p.25

〔材料〕
ギンガムチェック 110cm幅 ▶▶▶
S180cm／M180cm／L190cm／LL200cm
ゴムテープ 2cm幅 ▶▶▶
S60cm／M66cm／L72cm／LL78cm
手ぬい糸 ▶▶▶ No. 黒

実物大型紙 D 面

〔裁ち方図〕
数字は上からS／M／L／LL

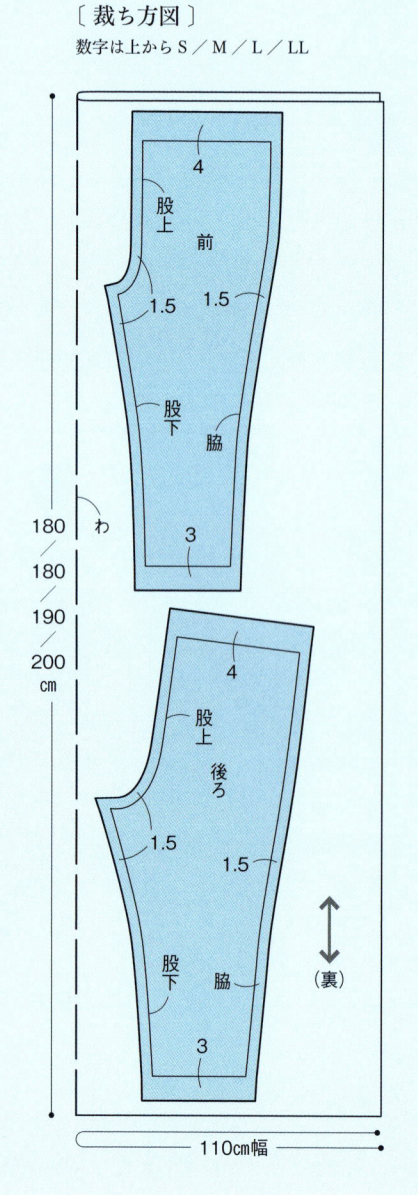

How to make

❶ 前股上を折り伏せぬい

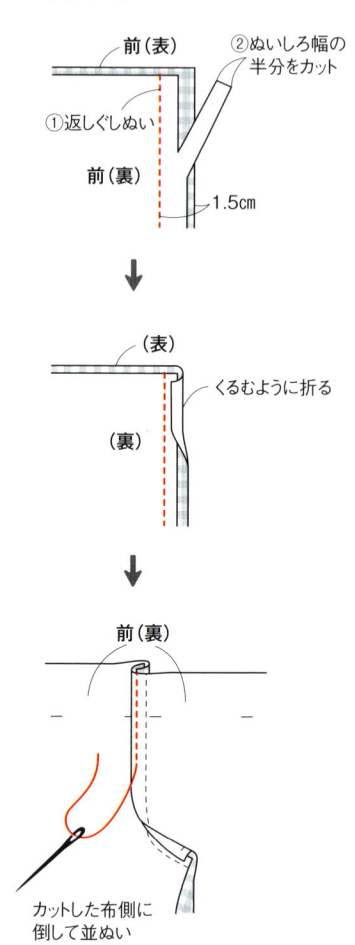

①返しぐしぬい
②ぬいしろ幅の半分をカット
前（表）
前（裏）
1.5cm

（表）
（裏）
くるむように折る

前（裏）
カットした布側に倒して並ぬい

❷ 後ろ股上を折り伏せぬい

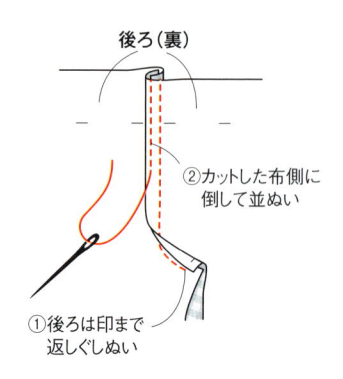

後ろ（裏）
①後ろは印まで返しぐしぬい
②カットした布側に倒して並ぬい

③ 股下を折り伏せぬい

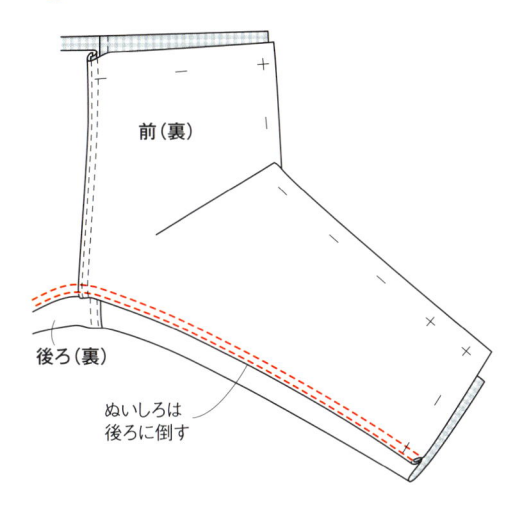

前(裏)
後ろ(裏)
ぬいしろは後ろに倒す

④ 裾を三つ折りしてぬい

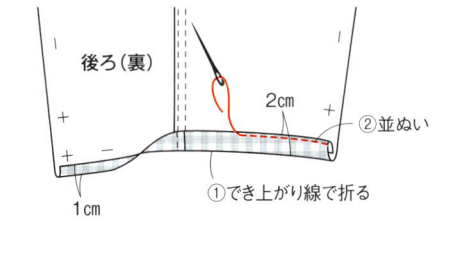

後ろ(裏)
2cm
②並ぬい
①でき上がり線で折る
1cm

⑤ 脇を割り伏せぬい

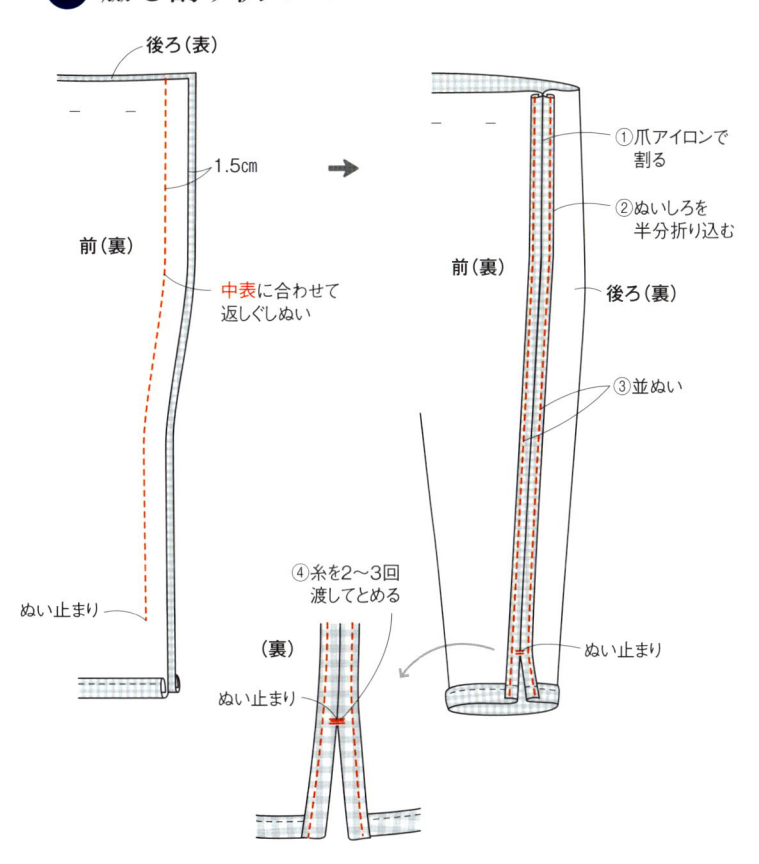

後ろ(表)
前(裏)
1.5cm
中表に合わせて返しぐしぬい
ぬい止まり

①爪アイロンで割る
②ぬいしろを半分折り込む
前(裏)
後ろ(裏)
③並ぬい
ぬい止まり

④糸を2〜3回渡してとめる
(裏)
ぬい止まり

⑥ ウエストを三つ折りしてぬい

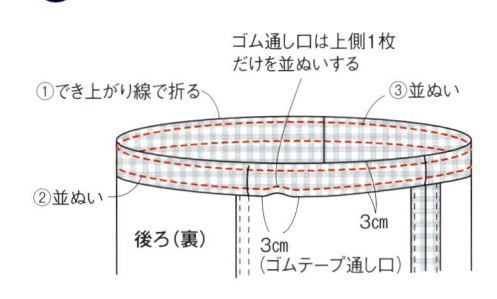

ゴム通し口は上側1枚だけを並ぬいする
①でき上がり線で折る
③並ぬい
②並ぬい
3cm
3cm(ゴムテープ通し口)
後ろ(裏)

⑦ ゴムテープを通す

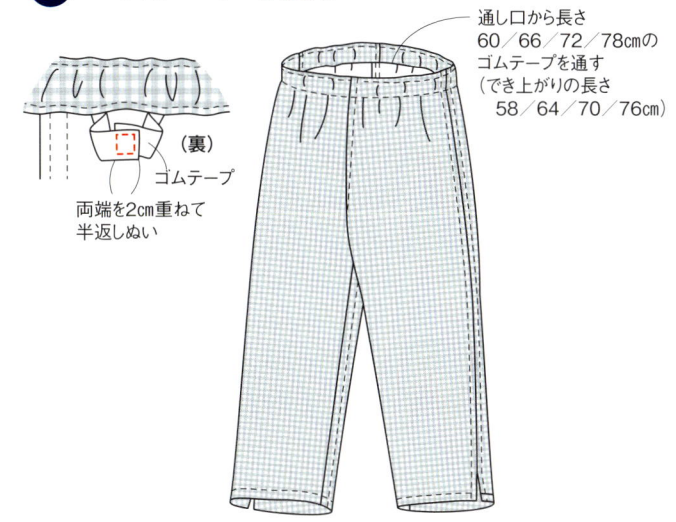

通し口から長さ 60／66／72／78cmのゴムテープを通す（でき上がりの長さ 58／64／70／76cm）
(裏)
ゴムテープ
両端を2cm重ねて半返しぬい

{ 著者プロフィール }

高橋恵美子 たかはしえみこ

東京に生まれる。文化服装学院ハンディクラフト科卒業後、「はじめて手づくりをする人のためのやさしい手ぬい」を提案する手芸家として活躍。手ぬいをするための道具や布、糸などに関する商品も企画開発する。東京、名古屋、大阪、京都、広島で手ぬい教室を開催している。手ぬい講習を中心とする《日本手ぬい普及協会》、手ぬいの情報を発信する《手ぬいクラブ》を主宰。『手ぬいで作るベビー服とこもの』『大人の服』『一枚裁ちで作る女の子服』『基礎からはじめる着物リフォーム』『はじめてでもできる手ぬいの着物リフォーム』（小社刊）など、著書は80冊以上。

高橋恵美子〈手ぬいクラブ〉

手ぬいを通して人とふれあい、より多くの人に手ぬいの楽しさを感じてもらうために設立した情報交換の場。手ぬい教室案内、作品展、掲載誌、新刊本などの情報も多数。〈手ぬいクラブ〉についての資料をご希望の方は、封筒に80円切手を同封し、郵便番号、住所、氏名、電話番号を明記の上、下記宛先まで郵送してください。

〒190-0032　東京都立川市上砂町1-3-6-19「手ぬいクラブ」宛
ホームページ tenuiclub.com ／オリジナル製品のネットショップ emico-co.com

手ぬいで作る！
おとな可愛いおしゃれ服

平成26年4月5日 初版第1刷発行

著　者●高橋恵美子
発行者●穂谷竹俊
発行所●株式会社日東書院本社
　　　　〒160-0022 東京都新宿区新宿2丁目15番14号 辰巳ビル
　　　　TEL.03-5360-7522（代表）　FAX.03-5360-8951（販売部）
　　　　振替 00180-0-705733
　　　　URL　http://www.TG-NET.co.jp

印刷・製本●大日本印刷株式会社

本書の無断複写複製（コピー）は、著作権上での例外を除き、著作者、出版社の権利侵害になります。
乱丁・落丁はお取り替えいたします。小社販売部までご連絡ください。

©Emiko Takahashi 2014, Printed in Japan　ISBN 978-4-528-01788-7　C2077

{ スタッフ }

作品制作●アトリエAmy
　安藤明美　栗原弘子　水野法子　福留千恵美　関かおり　高山聡美　野口麗加
作り方原稿●安藤明美
パターン●志水美香
撮　影●中島千絵美
スタイリング●串尾広枝
作品写真●相築正人
ヘアメイク●梅沢優子
モデル● MILI（AMAZONE）
ブックデザイン●塙美奈　南彩乃（ME&MIRACO）
トレース●松尾容巳子（Mondo Yumico）
グレーディング●（株）クレイワークス
校　閲●校正舎楷の木
編　集●大野雅代（クリエイトONO）
進　行●鏑木香緒里（辰巳出版株式会社）

{ 布地提供 }

清原株式会社
〒541-8506　大阪市中央区南久宝寺町4-5-2
Tel.06-6252-4735（大阪）　03-3861-7109（東京）

布地のお店　ソールパーノ
https://www.solpano.com/solpanoshop　Tel.06-6233-1329

株式会社ホームクラフト
〒111-0053 東京都台東区浅草橋2-29-5 ジェイ・エス・ティビル5F
Tel.03-5833-4871

{ 材料提供 }

株式会社フジックス（シャッペ手縫糸・MOCO）
〒603-8322　京都市北区平野宮本町5番地
Tel.075-463-8111

クロバー株式会社（用具）
〒537-0025　大阪市東成区中道3-15-5
Tel.06-6978-2277（お客様係）

{ 撮影協力 }

● Black Mouton（ASCENT）　Tel.03-5778-3122
p.7 ツイードタンクトップ、ツイードキュロット
● bit blue　Tel.03-5775-4381
p.26 ハイウエストパンツ
● Cil　Tel. 03-3485-0282
p.12 リネンデニムワンピース、p.15 2連ベルト
● LIBRE MAISON（トリニティアーツ）　Tel.0120-088-884
p.6 半袖シャツ、p.8 ロングスカート、p.21 ストレッチスリムパンツ、
p.20 コットンセーター、p.23 テーパードパンツ
● MOON BAT　Tel.03-3556-6810
p.7 帽子（モトナリ オノ）、p.11 帽子、p.24 帽子（ともに グランヴェール）、
p.12 頭に巻いたストール（モワモン）、
p.8、p.17、p.18-19（以上 ヘレンカミンスキー）、p.22 パラソル（グレイシイ）
● ma chére Cosette?（Histoire）　Tel.03-6438-0420
p.6 千鳥格子カチューシャ、p.9 カチューシャ、p.13 クラッチバック、
p.26 チェックポシェット、リネンカチューシャ
● LA CITTA BIANCA（Histoire）　Tel.03-6438-0420
p.22 ストローハット
● plus by chausser　Tel.03-3716-2983
p.18-19、p.20、p.25（以上 プリュス バイ ショセ）
p.10-11、p.12、p.16、p.18、p.23、カバー（以上 ショセ）